アクティブラーナーを育てる

自律教育カウンセリング

河村 茂雄

図書文化

はじめに ――一つの時代の終わりを迎えてこれから

今、日本の学校教育は歴史的転換期にあります。

この大きな転換期を前にして本書を執筆しました。そこには二つの理由があります。

一つは、社会と教育の変化の大きさと本質についての知識と、そこに確実に対応できる一助となるものを、全国の教員に提供したいということです。

もう一つは、この変化に私も自分なりに向かっていくという決意を固めるためです。

本書は三部構成です。第一部はこれからの学校教育について、カリキュラム改訂の方向性を踏まえた私なりの概説であり、第二部は教員が取り組むべき現実的な方法論について、教育カウンセリングの考え方と技法を踏まえて提案します。

そして第三部は、教員自身が変化に向かって進んでいくためのヒントを提示します。

教員自身の問題にまで踏み込むのは、私たちがいま直面している変化に対応することは、多くの教員にとって心理的葛藤を伴うと考えるからです。

それは、人生をかけて確立してきたアイデンティティが揺さぶられるレベルのものです。加えて、このような教員の問題は、教員組織に内在化されている課題とも切り離すことができません。

教員もまた、変化に向かって大きく舵を切っていくことが求められています。

発達心理学に「発達課題」という概念があります。人が発達を遂げるために各年代で達成しておかなければならない心理社会的な課題のことです。この概念を最近つくづくすごいなと感じてます。振り返ってみると、その年代ごとに、発達課題として提示されているテーマに悩む自分がいたからです。

本書の導入として、アイデンティティの形成と、変化に向かって進もうという決意までのプロセスを、私自身の経験から語ってみたいと思います。

⑴葛藤 ――現状維持ではいけないという焦り

昭和から平成に元号が変わるとき、三十歳目前だった私は葛藤していました。教員生活は二校目で、体育主任や研究主任を務め、熟考する間もなく行動するという日々を繰り返していました。その合間に教員仲間と飲み、たまの休みに家族旅行に行くなど、多忙でしたがそれなりに充実していました。

しかし同時に、管理教育の限界を実感しはじめ、このままのやり方を続けていてはいずれ限界が来るだろう、これからの教育実践の核となるものを身に付けたいという思いが募っていました。そこで教員関係の研修会にいろいろと参加してみたのですが、どこか物足りなさを感じていました。

⑵選択 ――大学院入学を目指しての受験勉強

教員経験が十年に近づき、研究推進や生徒指導関係の主任をしながら、高学年の荒れた学級の担任を続けているうちに、新たに学びたいという思いはどんどん強まりました。そんなとき、筑波大学に夜間に学べる社会人大学院が開設されたことを知り、そこで心理学を学びたいと強く思うようになりました。ただし、入学倍率が三十〜五十倍。「ダメもとだ」と思いながら、三年計画で受験勉強を開始しました。

心理学科卒業ではなかった私は、心理学やカウンセリング関係の本を買い込み、毎晩と週末、コツコツと勉強しました。教員仲間との飲み会や、趣味のバイクのツーリングも合格までは控えました。そして平成五年の春、合格して入学することができました。

⑶学習 ――学ぶことが楽しいという実感

大学院に入学してからは、発達や教育心理学、カウンセリング心理学、心理統計等々、猛烈に勉強しました。今までやってきた教育実践や児童生徒への対応の経験を、理論で裏付けしていく喜びがありました。また、カウンセリングの臨床実習は、教員としての指導行動の基盤としてもとても有意義で、修士課程修了後も研修生として継続して実習しました。学習には学習者の内発的な動機、自ら学びたいという思いが大事なことを、このとき、身をもって実感しました。学ぶことは楽しいと心から思えたのです。

憧れの國分康孝先生の研究室に入り、構成的グループエンカウンターを核にした「教育カウンセリング」を、先生から吸収できるものはすべて学びたいと思って取り組みました。

このような日々の中で、教育臨床に関する研究にも興味が高まり、修士論文を多くの先生方に評価していただき、その内容が複数の学会誌に掲載されました。そして、修士課程修了後も、田上不二夫先生に研究指導をいただきました。行動療法の大家である田上先生の研究室には、当時ご健在だった内山喜久雄先生も出入りされており、この三年間は学習理論の枠組みで現象を捉えてリサーチする手法を、基本から学ぶことができました。

田上先生に定期的にご指導をいただき、田上研究室に集う山口正二先生など他の先生方、さらに、新井邦二郎先生や石隈利紀先生にもご指導をいただき、心理学の博士号を取得しました。このような時期の学びが、研究者として生きるうえでの、今の自分の土台や財産です。

(4) 活動 ――ワーキング&ラーニングに明け暮れる

博士号を取得し大学教員になってからは、國分先生が理事長、村主典英氏が事務局長をしていた日本教育カウンセラー協会に参加しました。

また、学級集団分析尺度「Q―U」を開発し、人間関係づくりや学級集団づくりを「アセスメントして計画的に進める」という運動を、全国の学校や教育委員会と連係して展開してきました。日々変化する学校現場の問題に、自分の研究室の大学院生やOBとのチームで一緒に取り組み、忙しくそして楽しく活動を続けてきました。活動範囲は急速に広がり、私の所属大学も、岩手大学から都留文科大学、そして早稲田大学と変わり、研究室のメンバーと主催する研究会の仲間たちもどんどん増え、県や市単位の教育活動をコンサルテーションするようになりました。

このような充実した四、五十代のときはどんどん過ぎ去りました。多くの出会いといろいろな出来事がありました。それぞれに大変でしたが、今となっては、とても充実した時期だったと思います。まさに、働き盛りの時期に、いい仕事と人々に恵まれたことに、心から感謝したい思いです。

(5) 節目 ――一つの時代の終わり

平成最後の年に、八十歳を越えても意気軒高だった恩師の國分先生が逝去されました。

平成から令和へと元号が変わり、お世話になった方々が次々と亡くなり、定年の年齢が迫ってくるなどの出来事が重なり、「自分が実働すべき時代が終わったな」という気分が、静かにそして確実に高まってきました。

平成の時代は、私にとって三十歳から六十歳までの成人期とすべて重なる、実働の時期そのものでした。その中で、ある程度自分なりにやれたなという思いがあり、それがそのような気分につながっていったと思います。

(6) 新たな選択 ――変化の中で自分なりに歩き続ける

逝去される数日前、連絡をいただき、國分先生とお会いしました。

先生のお話は、構成的グループエンカウンターを始めとしたプロジェクトに関する熱い思いと、それをどのように引き継いでほしいかという、死を覚悟しているような内容でした。

「人生の結論は、ワンネスだ」「教育は師弟が相互に相手を好きになることから始まる」というお言葉が、心に強く残っています。「河村、國分軍団を、もう一度、盛り上げてくれ」と言われました。

九十三分間、一気に話してくださいました。お聞きしながら、涙があふれそうでした。

先生はエンカウンターの本を執筆中で、その校正刷りをいただきました。次は「人生五輪の書」を書くのだといって、ベッド脇のテーブル上には原稿用紙が置いてありました。

先生は「河村と話すと発想が湧くから定期的に来てくれ」と仰り、私は「喜んで来ます」と答えました。そのときは毎週お見舞いに伺う気でいたほど、先生はお元気そうでした。

國分先生は、亡くなる直前まで自分のやりたいことを為さっていた、天命を生ききったのだと思います。そして自分も國分先生と同じように、生涯現役で生ききりたいと思うようになりました。

それが、変化の不安の中で、自分なりに歩いていく決心につながったのです。

以上の体験と思いが、本書の執筆を企図したきっかけです。


本書は「教育カウンセリング」の目標や方法論を再検討し、現代の教育的ニーズに対して展開するものとしてアップデートする方向性について、私なりの考えをまとめたものです。

教育カウンセリングは、これからも教員・教育関係者の指導行動の基盤です。ですから、教員が行う自律性支援の具体策として教育カウンセリングを位置づけ、さらに学習者のコンピテンシー獲得を促進するための要件を追加することを試みました。

人間教育に真摯に関わろうとする多くの教育関係の方々に、参考にしていただけたら幸いです。

最後に
人生に対して、変化に対して、常に挑戦する勇気を喚起してくださった
恩師の國分康孝先生に本書を捧げます

二〇一九年九月

早稲田大学教授
博士（心理学）　**河村　茂雄**

目　次

第2部　現実的な方法論

第5章　教育目標をアップデートする

第6章　学級集団づくりをアップデートする

第7章　教員のカウンセリング機能をアップデートする

第8章　児童生徒の自律性を育むカウンセリングの体系

第9章　自律教育カウンセリングの構造と方法

第1部

教育が変わる

第1章 知識基盤社会への急転回

知識の創造・活用が価値を生む時代へ

社会の大きな変化を要因として、教員の教育観とそれに基づく指導行動に、今、とても大きな変更を伴うアップデートが迫られています。アップデートとは、商品の機能や操作性向上を目的に、ソフトウェアを更新することを指します。パソコンやスマートフォンの利用者には馴染みのある言葉でしょう。コンピュータを例にあげれば、ハードウェアはマシン本体であり、ソフトウェアはマシン上でデータの処理を行うプログラムやアプリケーションです。

十八世紀から二十一世紀にかけて、社会は、「第一次産業を主体とした農業社会」→「第二次産業を主とした工業社会」→「第三次産業を中心とした知識基盤社会」という流れで、急速に変遷していきました（以降は「農業社会」「工業社会」「知識基盤社会」と略記します）。

我が国も含めた先進諸国を嚆矢として、今日の世界は高度な知識基盤社会に急速に転換が進んでいます。経済活動の中心は、資源を加工して物を生産して販売することから、知識を創造しこれを活用して利益を得ることに移っています。今日のマーケットの関心の大部分は、ハードウェアよりもソフトウェアにあるのです。

残る仕事、なくなる仕事

第四次産業革命と呼ばれるロボットや人工知能（ＡＩ）の急速な発展は、人々の仕事に大きな影響を与えることが指摘されています。フレイとオズボーンは研究論文『雇用の未来――コンピューター化によって仕事は失われるのか』（二〇一三）で、「アメリカの雇用者の四十七％が十年後には職を失う」との見方を表明しました。各仕事に必要なスキルはどのようなものかを分析したうえで、そのスキルをルーティン化できる仕事は全て、機械に代替が可能であるというのです。

例えば、自動運転の開発が進んで無人自動車が普及すれば、タクシーやバス、トラックの運転手が職を失います。また、ＡＩはデータの整理や分析が得意ですから、従来、高度な知識や学歴が必要とされたデータ分析を伴う職種、弁護士アシスタントであるパラリーガル、契約書や特許専門の弁護士、金融機関のコンサルタントなども、存在価値が危うくなると予想されています。

このような変化の中で、自動化ができない仕事は何かといえば、ＡＩ化やロボット化が不得意な領域である、創造性や社会性といった能力が関わる仕事、オリジナリティがある仕事です。まさに、知識の創造が求められる仕事なのです。

次の時代を生きる子どもたちには、知識の創造ができる能力を育成することがより重要になり、そのような教育内容が学校教育の中心になろうとしています。二〇二〇年に小学校から順次実施される学習指導要領は、まさにそのコンセプトに基づいているものです。

そして、このような社会の大きな変化は、次のような変化を伴います。

企業が求める人物像の変化

工業社会の企業は、上位階層に権限を集め、その指示で部下を動かしていくという管理的なスタイルの組織でした。やるべきことは決まっており、それを着実に遂行していくことが利益につながっていたからです。したがって企業は、上司の指示を素直に聞き、そのとおり実行できる人を求めました。

しかし、知識基盤社会となった現在、多くの企業はあらゆる階層に権限をもたせるような組織づくりを進めています。次々生起する課題や変化するニーズに対応していくことが、利益の拡大をもたらし、企業の存続に必要と考えるからです。したがって企業は、柔軟性と革新性をもち、自律的に他者と協働しながら、自分の強みを発揮していける人を求めるようになりました。いっぽうで、指示待ち人間は相対的に評価が低くなってしまい、そのスタイルを変えない限り低い給与に留まることになります。

知識基盤社会の企業が求める人物像は、自分がやるべきことを自己決定し、それにしたがって問題状況と人間関係や自分の感情を調整しながら、問題解決に向かって節目節目で取組みを省察し、適切に行動することができる人です。この人物は自律的な学習者のイメージと多分に重なります。

セルフリーダーシップという発想

工業社会の企業に見られた上位階層に権限が集中する組織を「ピラミッド型の組織」とします。

ここでのリーダーシップとは、組織内で任命されたリーダー（役割）がいかにメンバーを統率していくか、管理していくかという視点が中心でした。

それに対して知識基盤社会の企業に多く見られるようになってきた組織を、あらゆる階層に権限が分散した「フラット型の組織」とします。この中では、個々のメンバーが自分で自分をリードする（リーダーシップを発揮する）という視点が必要となります。

自律的に自己をリードする力のことを「セルフリーダーシップ」といいます。自らの意思のもと、状況に対して正しい判断を行い、主体的に行動して自らの方向性を決める力です。自律的な学習者は、セルフリーダーシップを発揮して学習することができる人です。

フラット型の組織では、メンバー個々のセルフリーダーシップを開発し、対内的影響（自分自身の能力）を高めることが、結果として対外的影響力をも高めることにつながります。

これからのリーダー（任命された役割としてのリーダー）は、メンバーが適切なセルフリーダーシップを発揮できるような環境づくりをすることが役割の中心です。しかしこれらのことが意識されず、トップダウンの強い指示を出してパワーハラスメントで訴えられるというケースが、近年少なくありません。

組織がチームとなるための要件

セルフリーダーシップを発揮する人は、目標達成志向になっています。自分一人では達成できない目標に取り組む際は、セルフリーダーシップの取れる人々と連携し、「チーム」を形成します。

協同（協働）して共有された目標の達成に取り組むフラット型の組織です。

ここでいうチームは、階層的な役割に基づき各メンバーが自分の割り当て分を達成し、それを加算して総和（当初想定されていた仕事の全体）を達成する、といった構造ではありません。

チームとして成立している組織には次の特性があります。

◎メンバー全員がフラットな関係で、リーダーや役割が固定されていない。自律性と主体性をもったメンバーが、自由な思考とほかのメンバーとの活発な相互作用をすることを保障されている

◎やるべきことを上から提示され、それをメンバーが分割して取り組み、その総和を上から評価されるのではなく、個々のメンバーが日常の中から自ら発想し、ほかのメンバーと相互作用して膨らませ、それが全体の取組みに移行していくようなシステムが保障されている（全体の目的に対してプラスになるのなら、全てのメンバーの考えが柔軟に取り入れられ、従来のやり方とは違っても、常によりよい状態を目指して変化していくことが保障されている）

チームは、メンバーの自由な思考とメンバー間の相互作用から生み出される発想を積極的に取り入れ、全体としてよりよく変化していくことができます。

なぜなら、よりよい状態をつかんでいこうとする共有された価値観と、それを具現化する仕組みが内在化されているとともに、常に先に気づいた一部を大事にしながらも、全体が変化していくことに合意ができているからです。

つまり、チームは、「組織内部の要因によって主体的に組織を変化させていく」「組織の内部にあ

る多様性・異質性（ゆらぎ）を増幅させて、既存の思考や行動様式を創造的に破壊し、新たな思考や行動様式を構築する」ことで進化することを目指す、「自己組織化」のシステムを備えた組織です。

そして、この背景には、メンバー個々の存在と個性が周りから理解され、個人の思考を全体として大事にしていく、個人の特性が多様な視点で捉えられているという、組織の風土があるのです。

組織風土がもつ影響力

チーム（フラット型の組織）とピラミッド型の組織では、人間関係、組織・集団のあり方が全く異なります。

リーダーシップについて、ピラミッド型の組織ではリーダーがメンバーに役割関係に基づく統率的なものを発揮するのに対して、チームでは役割関係に基づかないものがメンバーから随意発揮されるという違いを先述しましたが、この違いには組織・集団がもつ風土が関係しています。

組織風土とは、リーダーとメンバーたちとの関係、メンバーたちの間の相互作用、インフォーマルな小集団の分化などにより、その組織・集団全体に現出している特有の雰囲気のことです。

例えば、組織や職場の日々の行動に関して、明示的または黙示的に存在している「べし、べからず」といった規則、集団規範のことであり、所属するメンバーは、その集団特有の考え方や行動を意識的・無意識的に身につけていきます。メンバーは意識する・しないにかかわらず、所属する組織・集団の風土に大きな影響を受けるのです。

工業社会に優勢な組織・集団の風土――ピラミッド型の組織・集団

中根（一九六七）は、第二次産業を主とした工業社会に求められた「ピラミッド型の組織・集団」の風土は、集団論理のタテ社会的構造をもつことを指摘しました。その背景に、日本の農村社会の様相があり、第一次産業を主体とした農業社会の集団・組織の有り様を踏襲していると説明しています。

農村の人々は農作業から生産される農作物を糧として生活しており、定住的です。水の手配や自然環境の問題など、一人では対処できず村人みんなで合力して解決していかなければならないことも多く、人々には生活共同体的な結合意識が強く存在するようになります。さらに内部の自足性や閉鎖性が強まるほど人々の一体感は緊密となり、集団の論理が絶対的に支配する社会、集団の利益が優先されるという、共同体の原理が色濃い社会を形成します。

共同体の集団や社会は、血縁や地域、特定の精神を共通にするなど意識的なつながりで生まれ、メンバーの相互依存性が強く、メンバーの生活の安定や満足感の追求を目的とした集団です。規則はありますがきちんと明文化され契約されたものというよりも、メンバーが共有する暗黙のルールが集団の規律を維持していく面が強くなり、メンバーの交流も感情交流が大事にされます。

このような集団では、個人の個性・能力は軽視され、全ての人間を類型的なものと捉える平等主義が生じます（成果主義的な考え方でなく、参加した人全員の頭数の均等割りで分配されるという具合です）。結果として個人が自分の意志を主張することは控えられ、ましてや全体の成果物に対して自分自身の貢献度の高さで権利を主張するようなことは、事実がそうであろうとも「はしたない行為」とされ、評価されることがありません。

タテマエ社会と能力主義

このように、集団論理のタテ社会的構造の風土があると、公の場では個人の本音を抑え、集団の利益につながる考え方（タテマエ）を優先して行動することが尊ばれるわけです。

その際のタテマエは、集団の絶対的権力者の考え方に基づいた律法（その権力者が示した倫理的・儀式的な命令に近い指示）を具現化するルールであり、それに基づいて形式的な行動の仕方や役割・地位が形成されるのです。メンバーは、自分よりも上位の役割の人の指示に従い（年功序列の考え方）、形式的な行動を取ることが期待されます。

このような考え方や行動の仕方は、自律性とは正反対の他律性（自らの意志によらず、命令や強制によって行動すること）に根ざしています。そして、集団論理のタテ社会的構造をもつ集団では、律法を示すことが可能な超自我となりえるリーダーの存在と、その存在による力の行使が集団維持にとって不可欠です。したがって、このような集団の中で能力主義を標榜することは難しいのです。

ピラミッド型の組織・集団の風土の特徴は、次のように整理できます。

◎大きな権力をもつ人を頂点とした役割・地位の上下関係があり、暗黙のルールの状態にある律法がタテマエとなり、メンバーは個人の本音を抑えて、集団の論理のタテマエに従った形式的な行動を、他律的に取る傾向があります。

◎生活共同体的な結合意識が強く、構成員の一体感は緊密となって共同体の内側の仲間内では共存しますが、外側の人をよそ者とみなし、排他的なものになりやすいのです。

知識基盤社会に優勢な組織・集団の風土——チーム（フラット型の組織・集団）

第三次産業を中心とした知識基盤社会で求められる「チーム」とは、メンバー全員がフラットな関係で、リーダーや役割が固定されていないことが多く、次の二点が保障されています。

◎自律性と主体性をもったメンバーが、自由な思考とほかのメンバーとの活発な相互作用を保障されている

◎やるべきことを上から提示されたり、与えられた役割を示されたとおり確実に遂行することが（上から）評価されたりするのではなく、メンバー個々の自律性に基づく行動が期待されている。日常の中から自ら発想し、ほかのメンバーと相互作用して膨らませ、それが全体の取組みに移行していくようなシステムが保障されている（全体の目的に対してプラスになるのなら、全てのメンバーの考えが柔軟に取り入れられ、従来のやり方とは違っても、常によりよい状態を目指して変化していくことが大事にされる）

チームという発想の背景には、一人でも糧を得ることができた狩猟従事者の社会があり、欧米人の社会に多い個人主義の考え方があると言われています。欧米の社会では明文化されたルールによる契約を重視します。そのためチーム内の人間関係は、メンバー全員がフラットな関係でフランク

に相互作用することや対話することを志向し、集団や組織内はもとより、外部の人とも積極的に対等に関わろうとします。

新たな価値を創造する「つながり」の方向性

チームでの話し合いでは、先入観をもたず、積極的に違う考えや価値観をもつ人とも関わることが奨励されます。そのほうが意外な相互作用が生起し、新たな創造に結びつく可能性が高いからです。

二つの組織風土・人間関係の相違を、次に三つのフレームを用いて解説します。

①バランス理論——閉じた関係から開かれた関係へ

バランス理論は、三者以上の存在がある人間関係において、三者の間の認知関係のバランスを保とうとする人間の心理状態について説明する理論です。フリッツ・ハイダーによって提唱されました。

この理論を応用して、ピラミッド型の組織とチームに所属する人々のそれぞれの人間関係の取り方について視覚的に説明を試みたのが図1（24頁）です。

相互の関係が良好な場合は「＋」で、険悪だったり関係がなかったりする場合は「－」で表記しています。

この図からは、組織や集団を安定させる人間関係の取り方において、ピラミッド型の組織とチームではどのように異なるかがみえてきます。

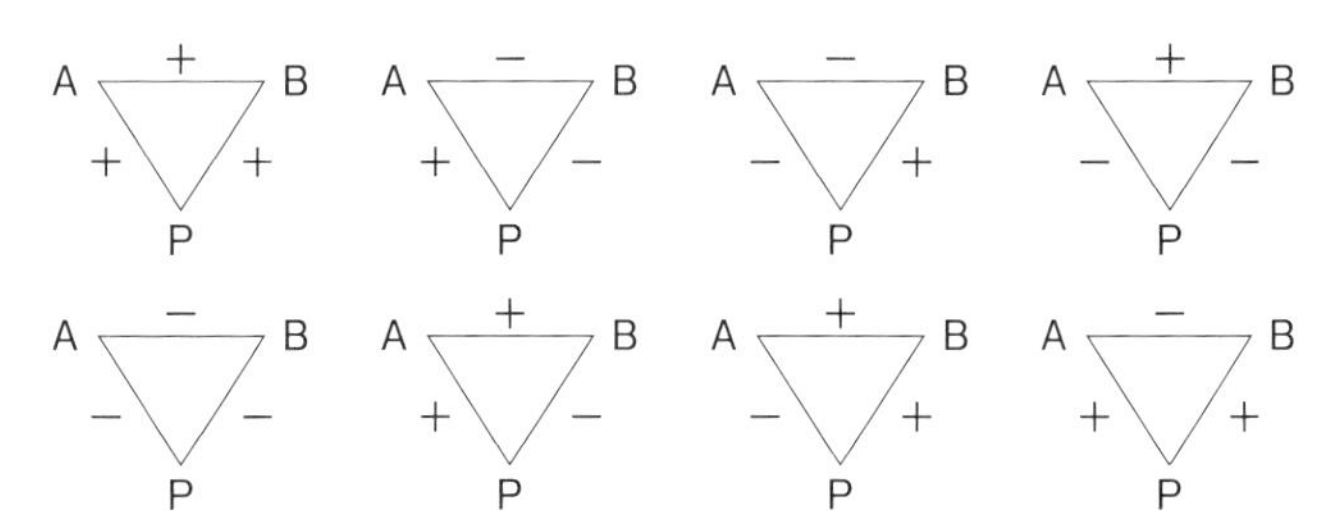

3個の積が（＋）となるときＰの認知はバランスがよく、安定する。（－）となると、アンバランス状態で不安定。アンバランス状態はバランス状態に移行しやすい（ハイダー，1958）。

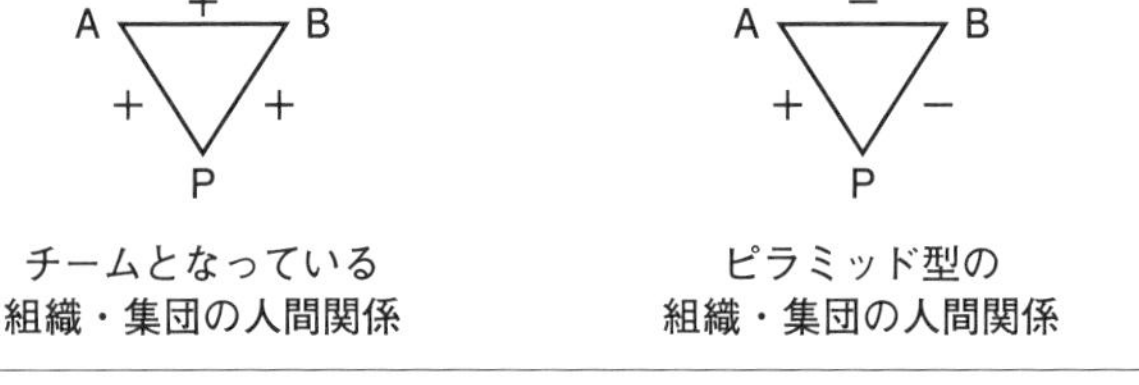

P＝本人 リーダー	A＝ウチ側の人 同じ価値観の部下	B＝ソト側の人・よそ者 違う価値観の部下

図１　組織風土による人間関係の取り方の違い

ピラミッド型の組織の人々は、同じ輪の中の人だけと関わり、外の人をよそ者として排除するかたちになっています。それに対して、チームの人々は、組織・集団の内と外の両方の人と良好に関わることを志向し、より開かれた人間関係となっているのです。

②ネットワーク論――堅固な結合から緩やかな結合へ

組織内や組織間の社会ネットワーク（社会的なつながり）は、組織の活動に影響を与えます。よって、社会的な価値を生み出す元になる、社会関係資本（ソーシャル・キャピタル）の一つです。

ネットワークは、その社会の人々

の他者への信頼、交流や社会参加などを要素とし、それが豊かなほど、人々の協調行動が活発になって、治安、経済、健康、幸福感などを高め、社会の効率性が高まるとされます（パットナム、一九九三）。

社会ネットワークには、二つのシステムがあります。

一つは、堅固に結合されたシステムです。垂直的なネットワークであり、強い絆や結束によって特徴づけられ、組織の内部における人と人との同質的な結びつきで、組織内部での信頼や協力、結束力を生むものです（結束型ソーシャル・キャピタル）。

堅固な結合タイプは、共同体のメンバーに協調行動を取らせる社会関係や規範の形成を促すことが指摘されていますが、同時に内部志向でもあるため、この性格が強すぎると閉鎖性や排他性が生まれたり助長されたりします。つまり、ピラミッド型の組織の人間関係は、堅固に結合されたシステムになっているのです。

もう一つは、緩やかに結合されたシステムです。所属する複数の個人、集団、組織が、特定の共通目的を果たすために、社会ネットワークを媒介にしながら、組織の内部もしくは外部にある境界を越えて、水平的かつ柔軟に、緩やかに結合しています（橋渡し型ソーシャル・キャピタル）。

穏やかな結合タイプは、自律性・独立性が高いため、絶えず漸進的に変わっていく状況に対応でき、多様な知識・情報・ノウハウの組み合わせができやすいので、その中から創造的な解決法が生まれやすくなります。つまり、フラット型の組織であるチームの人間関係は、緩やかに結合されたシステムになっているのです。

③信頼――特定化信頼から普遍化信頼へ

人間関係の構築のあり方を表す「特定化信頼」と「普遍化信頼」という概念があります。

特定化信頼は、主として日常的に交流している他者に対してもつ、「こういう存在はこうしてくれるはず」という期待です。義務感と義務が行使されることへの期待に基づいて関係が成立します。集団の内部の同質的な結びつきで、日常的に交流し、安定した関係性を保てる特定化した相手との間に得られる安心感が基盤にあり、内部での信頼や協力、結束力を生み、共同体のメンバーに協調行動を取らせる社会関係や規範の形成を促すものです。しかし同時に内部志向であり、強すぎると閉鎖性や排他性につながるものです。特定化信頼のみを持ち続けるだけはメンバー相互の信頼の醸成にとどまり、社会的信頼には結びつかないことが指摘されています。

対して、普遍化信頼とは、見知らぬ人に対する信頼です（アスレイナー、二〇〇三）。多くの人々を信用しようとする基盤となるものであり、知識基盤社会が進み、人的・物的交流や情報の移動が大量にしかも高速でなされるグローバル化社会において、ますます必要とされています。

仲間内を超えた社会全体への普遍化信頼の高まりは、個人における自発的な関心・意欲や協力を喚起し、社会や国を越えて多様な人々と共生するための第一歩です。そして新たな創造を生む対話の本質は、価値観や考え方の異なる他者との交流であり、その前提として必要になるのが普遍化信頼です。

二つの組織風土・人間関係の相違は表1（27頁）のように整理されます。

表１　組織・集団の構造と人間関係の相違

社会のパラダイム	
第２次産業を主とした工業社会	第３次産業を主とした知識基盤社会
組織・集団の構造	
ピラミッド型の組織・集団 ○内のメンバーとだけつながる ○役割・地位の上下関係 ○暗黙のルール・律法 ○集団の論理 ○堅固に結合	チーム（フラット型の組織・集団） ○内と外を区別せずにつながる ○平等・対等な関係 ○明文化されたルール・契約 ○個の論理 ○緩やかに結合
人間関係	
他律性 タテマエ・形式的な行動が尊重される 特定化信頼	自律性 本音・個性が尊重される 普遍化信頼

第2章 教育目標（学力観）の変化

伝統的学力観と新しい学力観

第二次産業を主とした工業社会では、先達の知識や技術を継承することで、社会の再生産が可能になり、それによって人々の生活が安定するというモデルが有効でした。

児童生徒に社会で生きていくための規則や様式、知識・価値・言語・社会的技能・知能を注入することに重きがおかれた教育が展開されたのは、このような実態があったからです。さらに、児童生徒が大人になる二十年後の社会がある程度想定でき、その時必要となる知識や技能を、前もって教育することができたのです。これが伝統的学力観の背景です。

しかし、インターネットの世界的な普及に伴い、情報や知識が急速に更新され変化することが常態化した知識基盤社会では、児童生徒が大人になる二十年後の社会を想定することは困難となりました。よって、従来の常識、既成の知識や技能を教えるだけでは足りないという考えに至ります。

このような社会で生きていくためには、人々は「変化の中に生きる社会的存在」としてあらねばならず、様々な情報をもとに他者と協働して課題を解決する力、変化する状況に自律的に立ち向かっていく力が求められます。これが新しい学力観、そして「問題解決型学力」の獲得が目標とされている背景です。さらに、教育方法の改善策として、コンピテンシーベースのカリキュラム開発や授業づくりが、盛んに進められています。

コンピテンシー――動機づけも包摂した能力概念

コンピテンシー（competency）はコンピテンス（competence）の集合的な概念で、人がもつ自分自身に働きかけられる力、周りの人々や環境に働きかけられる力の総称で、従来の知識や技能ではなく、動機づけから態度、行動特性までを含む能力概念です。

コンピテンシーは、問題場面で活用できる思考力・判断力・表現力などの「認知的スキル」から、対人関係を調整して協働することができるなどの「社会的スキル」までが含まれる、「問題解決につながる能力」で、新たな状況下に応じた最適解を、自ら知識や技術を更新し、他者と協働して生み出していける力です。

昨今、コンピテンシーの視点で、世界的に教育改革が進められています。我が国でも、コンピテンシーの概念によって、学校が育成すべき学力が再整理され、それらは「育成すべき資質・能力」というかたちで、二〇二〇年から順次実施される学習指導要領に示されています。

これからの高度な知識基盤社会では、何らかの外的な影響力を自分の欲求や本来の自由な考え方や思いと葛藤させながら、自分なりに調整して自分の力で行動決定できるようになっていくこと、すなわち、自律性の確立がとても重要となってきます。

自律性の確立がチームに参加する個々人の、必要条件といえるのです。

シナジー効果――チームで活動する人に求められる条件

チームには、自律性が確立され、独自の能力と考え方をもつ者、すなわち、セルフリーダーシップを発揮できるメンバーが集まっています（チームの詳細は第一章を参照してください）。そして、フラットに協同（協働）し、建設的に相互作用することで頻繁に新しい発見があり、それらが結集されて、一人の人間では考えつかないようなすばらしい発想や活動が生み出されます。

期待される成果は、参加したメンバー数の成果を、単純加算した総和以上のものです。チームでは、シナジー効果（synergy effect）というメンバー間の相互作用から、総和を越える高い成果が生み出される作用が、恒常的に生起するからです（図2、31頁）。

ただし、チームのメンバーには一定の条件を満たすことが求められます。協同学習（cooperative learning）の成立を支えるメンバーの要件です。

協同学習とは、小グループを授業の中で利用して、学生たちが共に活動し、自身と互いの学習を最大化させる活動と定義されます（ジョンソンほか、一九九三）。メンバーに求められる協同学習成立の条件は、次のようなものです（溝上、二〇一四）。

①互恵的相互依存関係の成立：クラスやグループで学習に取り組む際、そのメンバー全ての成長（新たな知識の獲得や技能の伸長など）が目標とされ、その達成にはメンバー全ての相互協力が不可欠なことが了解されている

②二重の個人責任の明確化：学習者個人の学習目標のみならず、グループ全体の学習目標を達成するため

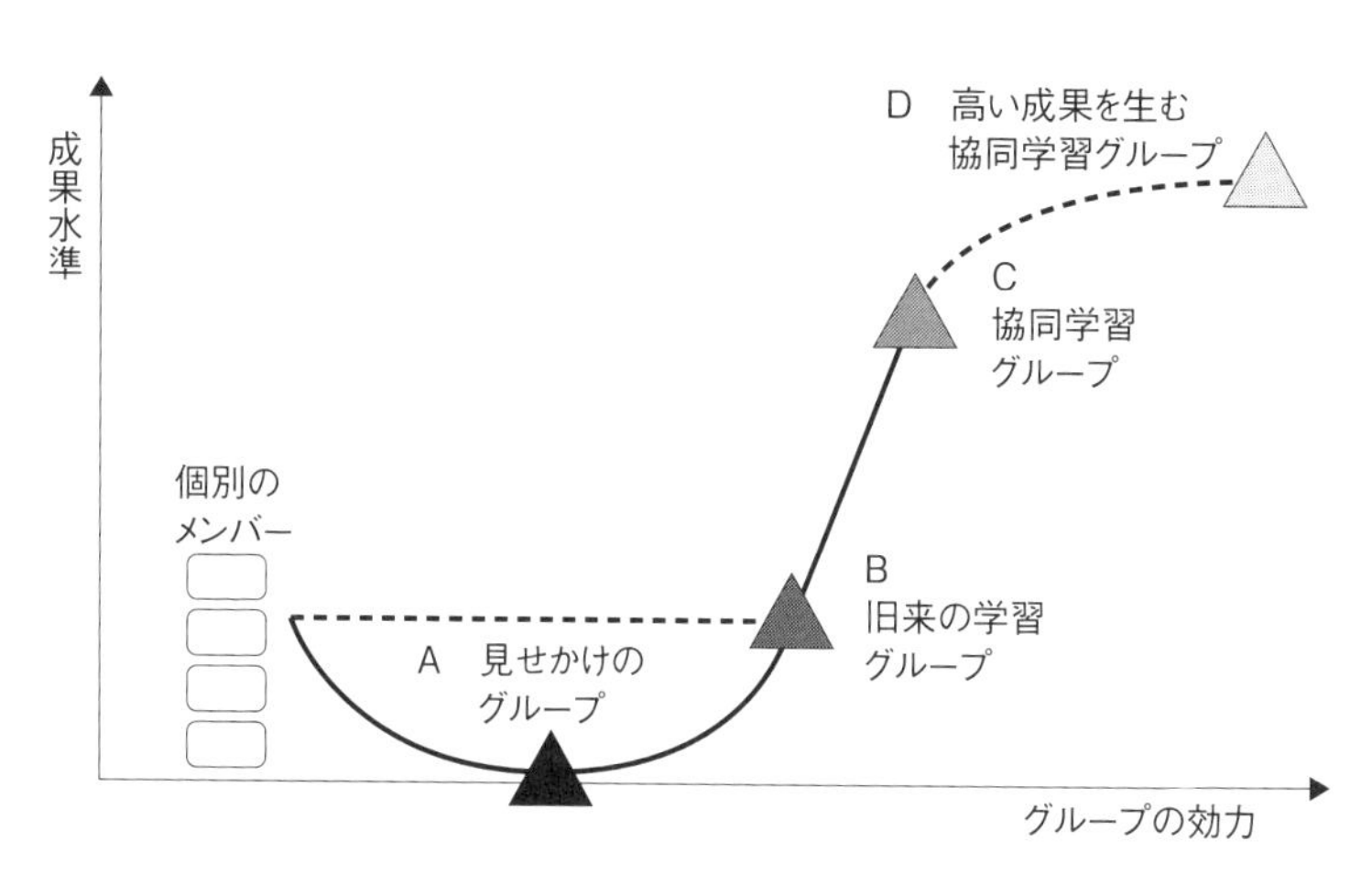

図2　グループの成果曲線（ジョンソンほか，1993）

に必要な条件（各自が負うべき責任）を全てのメンバーが承知し、その取組みの検証が可能になっている

③**促進的相互交流の保障と顕在化**：学習目標を達成するためにメンバー相互の協力（役割分担や助け合い、学習資源や情報の共有、共感や受容など情緒的支援）が奨励され、実際に協力がおこなわれている

④**「協同」の体験的理解の促進**：メンバーの協同の価値・効用の理解・内化を促進する、教員からの意図的な働きかけがある

チームセルフリーダーシップ――ビジョンを共有し貢献する

メンバーのチームへの関与については、まず「共有ビジョン」の構築

が求められます（センゲ、一九九〇）。「共有ビジョン」とは、その組織が達成すべき将来のイメージであり、共通の組織アイデンティティと使命感のもとになるものです。メンバーには、個人のビジョンを共有ビジョンに変容させることが必要となってきます。自分の目的の達成がチームの目的の達成とつながっていくような共有ビジョンづくりは、メンバーのチームに対する関与を強めることにつながります。

さらに、チームのメンバーには、「チームセルフリーダーシップ」の考え方も必要です。チームセルフリーダーシップとは、メンバー個々が個性（個人の能力や特性）を発揮し、つまりセルフリーダーシップを発揮し、かつメンバーとしても自分を効果的にリードすることを基本として、各自がチームに貢献し、自分たちでチームを運営してチームのシナジー効果に結びつけていくことを意味します。

チームワーク――「開かれた個」でつながっているか

チームワークとは、従来イメージされる、個を押さえて集団のために尽くすという、集団主義思考に基づくものではありません。チームセルフリーダーシップの考え方を、組織において実践することが、個人の生きがいを高めると同時に、チームのシナジー効果に結びつきます。集団・組織のあり方がピラミッド型の組織とチームとでは、根本的に異なるのです。

個々のメンバーがセルフリーダーシップを発揮でき、かつ、チームの目的や価値観を共有し、互いに尊重し合い、相互依存関係を保ち、チームとして自律的に意思決定し、責任をもって行動できるようなチームでなければ、すばらしい発想は出ず成果は上がりません。すなわち、チームの取組みを活性化するためのチームワークが求められています。

チームが最も機能するのは、チームに自己管理力と自己教育力が内在化し、強力な個人的スキルと強力な集団スキルの両方が備わったときです。メンバーが自分たちでチームを運営し、各自が自らを動機づけ、各自が効果的にチームに貢献すること、こうして各自がチームのために自己管理力・自己教育力を発揮していくのです。

そして、チームの発想は、多文化共生社会の考え方と矛盾するものであってはなりません。多文化共生の社会とは、グローバル化が一層進む時代で、多様な価値観が存在する中で、自分とは異なる文化や歴史に立脚する人々が、それぞれが利益を受けつつ、建設的な関係をもって生活することです。二十一世紀は「知識基盤社会」の時代であると共に、「多文化共生」の時代でもあるとの認識があります（文部科学省コミュニケーション教育推進会議、二〇一一）。

これからの社会で生きていくには、自己を確立しつつ、他者を受容し、多様な価値観をもつ人々と共に思考し、協力・協働しながら課題を解決し、新たな価値を生み出しながら社会に貢献することができる個人であること、すなわち「開かれた個」が求められます。「開かれた個」とは、チームに所属する人々の行動様式です。

このような資質・能力は、自律的に他者と協働しながら獲得されていく、学習集団での相互作用を通した学びです。確実に押さえなければならないのは、このときの学習環境としての集団は、チームのような集団であることが前提になるということです。チームに所属する人々の考え方や行動様式を身につけていることが、知識基盤社会や多文化共生社会で生きる前提になるのです。知識基盤社会や多文化共生社会でこそ、チームの発想が必要となってきます。

自分に合った方法で──学びを最大化するために

共生社会とは、障害者も健常者も、女性も男性も、高齢者も若者も、全ての人がお互いの人格と個性を尊重し、多様性を認め合い、支え合うことで、だれもがいきいきと暮らしていける社会、と定義されます。文部科学省（二〇一二）も、共生社会の形成に向けて、インクルーシブ教育の推進を目指すことを提起しています。インクルーシブ教育とは、障害の有無にかかわらず、全ての児童生徒ができるだけ同じ場で共に学び育つことを目指すものです。また児童生徒を障害の有無によって分けずに、全ての児童生徒を包み込む教育を目指しているのです。

このような理念を掲げることは、学校教育のあり方に変化を迫ります。

従来の「なるべく多数の児童生徒に当てはまる一斉指導の方法で指導し、それに当てはまらない一部の児童生徒には特別メニューを提供する」という展開よりも、「最初から全ての児童生徒に複数の学習方法を提示し、一人一人の児童生徒が自分に合った方法を自己選択・自己決定して学習に取り組ませていく」という展開のほうが、理念にかなっています。全ての児童生徒が自分に合った方法で学習に取り組むことを権利として保障する展開が、これまで以上に求められます。

理想と現実

ただし、現代の児童生徒の人間関係に関する現状には、大きな危惧がもたれています。「児童生徒は気の合う限られた集団の中でのみコミュニケーションをとる傾向が見られる」「相互理解の能力が低下している」「同意や反対の意思を伝えるだけで対話になっていない」。加えて、「児童生徒が自ら仲間やコミュニティを形成する機会が不足しており、等質的なグループや人間関係の中でしか行動できず、異質な人々によるグループ等で課題を解決することが苦手で、回避する傾向にある」などの問題点が指摘されています（文部科学省コミュニケーション教育推進会議、二〇一一）。

チームに所属する人々の「開かれた個」としての行動様式の育成が目標ですが、児童生徒の現状は、ピラミッド型の組織・集団の行動様式であり、「閉じた個」に近い様相にあります。

人間は不安や緊張が高いとき、依存できる存在を求めます。依存先になるのは、同じような境遇や趣味、価値観などの類似性をもつ人が多く、同調性の高い行動様式を取って安心感を得ようとします。これを「不安のグルーピング」といいます。現代の児童生徒にはこのような傾向が高まっており、その改善を図ることが教育課題になっています。したがって、これからの教育の取組みは、ゼロからではなくマイナスからのスタートという認識をもつことが必要です。

まず、学級集団で、個人の不安や私的な感情に左右されず、さまざまな特性をもつ人たちと、「協同的に関わる能力」を育成していくことが強く求められます。そのうえで、協同活動の取組みを通して「普遍化信頼」を育て、それとともに「自律性」を獲得できるようにしていくことが必要です。以上を推進するためには、来る社会に相応しい教育観と指導行動を有した教員の存在が不可欠となります。

第3章 統制的指導から自律性支援へ

アクティブラーニングとは

社会の急速的な変化を踏まえて、学校教育のあり方も、大きく以下の流れで変化してきました。

◎第二次産業を主とした工業社会のための学校教育

先達から継承してきた規則や様式、知識・価値・言語・社会的技能・知能を、注入することに重きがおかれる教育

←

◎第三次産業を中心とした知識基盤社会のための学校教育

変化の大きい社会で生きていくための、変化する状況に自律的に立ち向かっていく力、様々な情報や知識をもとに他者と協働して課題を解決する力を体験学習させていく教育および、児童生徒がアクティブラーニングできること

アクティブラーニングとは、教員による一方向的な講義形式の教育とは異なり、学習者の能動的な学習への参加を取り入れた教授・学習法の総称です。学習者が能動的に学習することによって、

認知的、倫理的、社会的能力、教養、知識、経験を含めた汎用的能力の獲得が促進されることをねらいとします。発見学習、問題解決学習、体験学習、調査学習などの体系化された方法だけではなく、教室内でのグループディスカッション、ディベート、グループワークなども含まれ、協同学習の考え方が基盤になっています。

ただし、アクティブラーニングの実現は、教員が授業の展開の仕方を変えれば済むものではありません。集団の学びで成果が上がるためには、次の条件が満たされていることが前提となります。

①セルフリーダーシップ＆チームセルフリーダーシップが取れる学習者
②①のような学習者で構成されたチームのような学習集団
③学習者たちの自由な相互作用のある学習活動をさりげなくリードできる、自律性支援的な教員の対応

以上の①②③が満たされない状態で授業や活動にアクティブラーニング型の展開を用いても、木に竹を接いだようになり、期待する成果は上がりません。

教員役割のアップデート

アクティブラーニングの取組みが進んでいく中で、教員には大きな意識改革が求められています。というのも、先ほどの①②③に対して、従来は次のような意識が求められていたからです。中堅やベテラン教員ほど顕著な傾向がみられます。

❶教員の指示を素直に聞ける学習者

❷教員が定めた規律の中で、整然と活動できる学習集団
❸定められた知識や技能を確実に定着させる、教え込む指導行動

つまり、アクティブラーニングの取組みは、「授業の展開を変える」とともに、「学級集団づくり」と、「自律性支援的な教員の指導行動」と、セットで進めなければなりません。

特に、従来から取り組まれてきた「学級集団づくり」と「指導行動のあり方」は見過ごされがちなため、先ほどの①②③（37頁）のようになっているかを見直す必要があります。

児童生徒が最もモデリングするのは、目の前の教員の思考の仕方やそれに基づく行動です。児童生徒に知識基盤社会の能力を身につけさせようとしている教員が、工業社会の考え方や行動をしていてはモデルになりません。教えられている内容と、教員が言っていることとやっていることが矛盾していては、児童生徒は混乱してしまいます。

教員が率先してアクティブラーニングを行いコンピテンシーを磨いていかなければ、学習指導要領で示された「主体的・対話的で深い学び」による授業改善の取組みは形骸化してしまいます。

以上を踏まえると、これからの社会で求められる理想的な教員像がイメージされるため、次に、それを解説します。なお、理想像を達成するハードルは、決して低くありません。

教育の目的を押さえる (1) 教育基本法

教育基本法の第一章「教育の目的及び理念」第二条二には、「個人の価値を尊重して、その能力

を伸ばし、創造性を培い、自主及び自律の精神を養うとともに、職業及び生活との関連を重視し、勤労を重んずる態度を養うこと」と明記されています（傍線は筆者による）。児童生徒の自律性の確立を目指すことは、日本の教育の基盤を為しています。

教育の目的は、児童生徒を「自立」した個人として社会に送り出していくこと、経済的にも精神的にもほかからの従属・支配・援助から離れて、独り立ちさせることです。「自立」した個人とは、自分なりの人生の目標をもち、自分なりの価値観を有し、それに従って、行動を自己選択して社会に主体的に関わっていける存在です。

このような「自立」した個人を育てるには、児童生徒に自律して活動できるための教育を与えることが必要です。大人（自立した個人）になる過程は社会化の過程であり、自律化の過程です。

ちなみに、社会化とは個人がある社会の中に所属し、適応的に行動できるように、知識・価値・言語・社会的技能・知能を獲得していく過程のことです。そしてその過程は、主に保護者や家族、教員などの大人によって、社会で生きていくための規則や様式、知識・価値・言語・社会的技能・知能を注入され、それを徐々に自分のものとして理解・定着・習慣化していき、大人から指図されなくても、自己制御できるようになっていくことです。

ただし、社会化イコール自律ではありません。親や教員に言われたこと・教えられたことを素直に理解して受け入れ、言われたとおり・教えられたとおりにできるというレベルでは不十分で、自分で考え、自身を管理して行動できるといった、「個の確立に向かう自発性」が求められます。

自律とは、外的な影響力を自身の欲求や自由な考え方や思いと葛藤させながら、自分なりに調整して、自分の力で行動決定できるようになっていくことです。したがって、自律性の確立には、外的なものを調整するための軸となる、自分なりの規範や基準（価値観）が必要です。それに従い、自分の意志により行動を統制・制御し、自分の行動を正しい方向に向かわせていきます。

こうして自律性を獲得し、自己制御できるようになっていくと、自分の力でやっていこうとする「自立」も生じてくるのです。

教育の目的を押さえる⑵ 学習指導要領

児童生徒が自律性を獲得し、社会で自立するためには、長い年月が必要です。また、児童生徒が自律性を確立させていくためには、自律的に学習する力を育成することが求められます。「自ら学ぶ力」「主体的に学び続ける力」と呼ばれるものです。

自律性とは、自分の行動を、自分の意志で構築した規律に従って、正しく規制すること、自分で考え、自分で自分を管理して行動することです。自律性は自ら他者と関わり、自らの知識を他者と相互作用させながら活用していく前提になるものです。考えや価値観の交流を支えるからです。

自律的学習とは、自らが抱く人生の目標と、そこに至る一つ一つの学びの目標の達成を目指して、自らを律しつつ、強い意思のもと、自分なりの学び方で学び続けることです。

学習指導要領でも、自律的に学習する力を育成する手段として、「主体的・対話的で深い学び」による授業改善が強調されています（二〇一七年改訂学習指導要領）。

具体的には、次のような内容です。

◎学校教育における質の高い学びを実現し、学習内容を深く理解し、資質・能力を身につけ、生涯にわたって能動的（アクティブ）に学び続けるようになること
◎学ぶことに興味や関心をもち、自己のキャリア形成の方向性と関連づけながら、見通しをもって粘り強く取り組み、自己の学習活動を振り返って次につなげる「主体的な学び」が実現できるようになること
◎児童生徒自身が興味をもって積極的に取り組むとともに、学習活動を自ら振り返り意味づけしたり、身についた資質・能力を自覚したり、共有できるようになること

自律的に学習する力は、多くの資質・能力と同様に、実地にそれらを活用する経験を積んで獲得されるものです。これからの授業づくりは、学習者が解決すべき課題に向かって自由度の高い思考に基づく試行錯誤を、他者との協同（協働）活動を通して実施して、自ら獲得することを支援する場に、大きく比重を移していくことが必要です。

つまり、「知識の習得」から「知識の習得 ∪（和集合）資質・能力の獲得」へと学校教育の目標が拡大された、というイメージが近いのです。

その学習活動のプロセスは、「自ら学習する能力（ア） ∪ 協同の意識・行動様式（イ）」を「自ら獲得する（ウ）」という流れです。資質・能力の基盤に自律性があり、資質・能力の獲得には自律的であることが求められるのです。（ア）と（ウ）に自律性が必要なのは言うまでもありません。（イ）は従来「学級集団づくり」を通して行われてきましたが、教員による管理指導で行われてきた傾向を見直し、児童生徒の自律性を促す方向性になることが求められます。

自律性支援——自律性は教え込むことができない

自律的に行動する力は教え込むことができません。児童生徒が自らその価値や意味に気づき、自ら行動につなげようとするという状態を、現出させることが目標だからです。

児童生徒に自律性を獲得させるためには、親や教員が望ましい行動の仕方を教え、定着させるだけでは不十分です。

個々の児童生徒が、学習を通して新たに学んだ知識や技能を、今までもっていた自分の考え方や思いと自分なりに調整して、自分の力で行動決定できるようにしていきます。

その結果、徐々に次の①②③を身につけて、結果的に自律性を獲得していくのです。

①自らの生きる目標（最初は大まかでよい）をもつことができる
②①を達成するための行動の背景にある意味や価値を、実感を伴って理解することができる
③②から生まれた行動を自ら進んで選択することができる

教員はこの①②③を児童生徒が自ら獲得できるように、支援していくことが求められます。それが自律性支援です。

自律性とアイデンティティ——価値観の形成

児童生徒は、他者のものの見方や価値観を取り入れながら、しだいに自らの価値観を形成していきます。価値観の形成は、自らの価値観に基づいて判断することを可能にします。日常の出来事に対

して自らの価値観に基づいた意思決定を繰り返していく中で、自ら意思決定できるようになります。ただし、自らの価値観に基づいた意思決定にも、相当の葛藤や不安を伴います。なぜなら、たとえ複数の視点から構築したとしても絶対的な価値観はなく、新しい視点の獲得や経験、新たな学習の結果、確立していたと思った価値観ですら、簡単に揺らぎます。正解のない課題で、自らの判断で複数の選択肢から一つを選び取っていくこと（例えば職業選択）は、苦しいのです。

また、自らの価値観を形成していく手続きは、交流を通して、他者の視点と自らの視点を照合させていくことが多いものです。しかし、そのような照合は、自分自身を省みさせ、自分自身と直面し、「自分は何者か」というアイデンティティの問いへの回答を迫ってきます。その回答が出せなければ、自らの価値観を定めることができないからです。

アイデンティティは、「時間や環境の変化にかかわらず、自分は連続する同一のものである」という感覚であり、「自分は何者か」「自分は何のために存在するのか」「自分はどこに向かおうとしているのか」といった、自己を社会に位置づけようとする問いかけに対する自らの答えともいえます。

人生における多岐にわたる意思決定ができるようになるためには、いろいろな他者と広く深く交流し、自分自身を見つめ直すような試行錯誤を十分に体験し、アイデンティティを確立する必要があります。

自律性を確立することとは、自己形成やアイデンティティを確立することと同義であり、自律的に学習するプロセスの中で思考能力の深まりと並行して達成されるものである、と考えることができます。

第4章　学校教育ができること

自律性が確立するとは

自律性を確立した人は、**①人生に目標をもっている、②自分なりの価値観を確立している、③自分の行動を自分で選択することができる**、という三つを達成しています。この三つの達成を支援する基本的理論を理解することで、学校教育に求められる方法論を確認したいと思います。

①人生に目標をもっている

「志」（こころざし）は昔の人がまず大事にしたものです。「青雲の志を抱く」「志を遂げる」「志を高く保つ」などたくさんの成句があります。志とは、心に思い決めた目的や目標です。最終的に、自分の人生の目的や目標が定まることが、アイデンティティの確立につながっていきます。自分なりに達成したい目標が明確にあるからこそ、自発的な選択やそれに基づく行動が生じてきます。

学校は児童生徒が徐々にアイデンティティを確立していけるように（キャリア発達が促されるように）、いろいろな課題に取り組ませます。キャリア教育は学校教育全体を通した教育の総体ともいえるのです。課題に取り組ませる際、児童生徒に自分なりの目標をもたせることが必要です。

ドゥエックとレゲットは、習得目標（mastery goal）と遂行目標（performance goal）の二つのタイプの目標があることに注目しました。習得目標とは、自分自身の能力を伸ばし、有能感（自分には能力があるという感覚のこと）を得ようとする目標です。習得目標をもって課題に取り組む人は、たとえ失敗しても、失敗を成功の情報源と捉えて、あきらめることなく、困難な課題にも積極的に取り組む傾向があります。それに対して、遂行目標とは、他人よりも高い能力を誇示することによって、低い能力が露呈しないようにし、自分の有能感を維持しようとする目標です。自信がある課題には能力を積極的に示そうと取り組みますが、自信が乏しいときは失敗して低い評価を受けることを恐れ取り組むことを避ける傾向があります。

人が自発的な選択やそれに基づく行動に自律的に取り組んでいくためには、自ら習得目標をもてるようになることが必要です。教員は、児童生徒が自ら習得目標をもてるように支援していくのです。

②自分なりの価値観を確立している

習得目標をもてるようになるには、取り組む内容やそれをやり遂げるプロセスに関与することと、達成したときに得られるものに、高い価値や自分なりの意味をもてることが必要です。取り組む内容に自分なりの価値や意味が感じられなければ内発的な動機が高まらず、やらされ感のもとでこなすだけの取組みになってしまいます。そのためには、児童生徒の発達段階を見通した長期的な取組みが必要です。ピアジェは、児童生徒の認知発達の過程を四段階で捉えました。学校教育期間に該当する以下の二つの時期の児童生徒の認知発達の特性について、押さえることが必要です。

⑴小学校段階：具体的操作期（七歳から十一、十二歳ごろ）

この段階の児童生徒は、具体的で目に見えるような事物や出来事に対して論理的に考え、獲得された知識を相互に関連づけて統合された形で記憶することができるようになります。ただし、その思考は具体物を通してであり、因果関係は初歩的論理の体系の理解にとどまっています。

ものの見方は一つの視点を絶対的と捉え、その視点に基づいて判断します。親や教員などの意見やそれに基づく規則を絶対的な視点としやすく、それに従おうとします。ものの見方は一つではなく、立場によって複数存在するということを理解するのは、この時点では困難です。

⑵中学校段階：形式的操作期（十一、十二歳から十四、十五歳ごろ）

この段階に至ると、具体的な出来事だけでなく抽象概念を操作し、仮想の問題や事実に反する事態や想定などについても論理的に考えることができるようになります。一般的な規則から特定の具体的な情報を導きだす演繹的な思考展開や、いくつかの出来事から仮説を導きほかのことに当てはめて推論する仮説演繹的思考も始まります。

例えば次のようなことが可能になります。

○頭の中で二つ以上の条件や命題を同時に扱うことができる
○一連の事柄の論理的整合性や一貫性の有無を把握することができる
○現状から将来生起する可能性のある変化を推論し予測することができる
○行為の結果の未来を想定して現在とるべき行動を選択することができる

その結果、哲学や倫理、社会、政治といった多面的な視点や抽象的思考が必要な事柄についても考えられるようになっていきます。また以上の認知発達は、自分で思考と動機や意欲を結びつけて行動できるという、自律性の増大につながる態度や行動が取れることにもつながっていきます。

③自分の行動を自分で選択することができる

「何をするか」「どのようにするか」「どこまでやるか」などの視点をもち、自分の行動を自分で選択することは、自分からやろうという気持ちを生み、自分の行動に対する責任感も高まります。

心理学では、行動を起こさせ目標に向かわせる心理的過程を「動機づけ（モチベーション）」といい、他者に言われてではなく自分から行動するような動機づけを「自律的な動機づけ」といいます。

児童生徒が自ら学ぶようになるとは、自律的な動機づけをもてるようになることです。自律的な動機づけをもてるとは、提示された社会的な価値を学習者自身が内面化・内在化（自己調整）していき、自分の行動について自発的に選択し、それに基づいた行動を自ら継続できることです。

自己決定性が増していくように働きかける――自己決定理論とは

デシらが提唱した自己決定理論（self-determination theory）は、自分の行動や学習に対する肯定的な価値観を内在化して、動機づけが外発的なものから自律的なものへと変化していく過程を六つの段階に整理したものです（図3、48頁）。さらに外発的動機づけについて、「内発」「外発」という区別、価値の内在化と自律性の程度による「自律」「他律」の区分で四つの段階に整理したのは、教育実践の参考になる知見です。四つの段階は、外的に動機づけられていた行動から、自律的な動機づけによる行動へ変化していった場合の、連続的な状態を示しています。

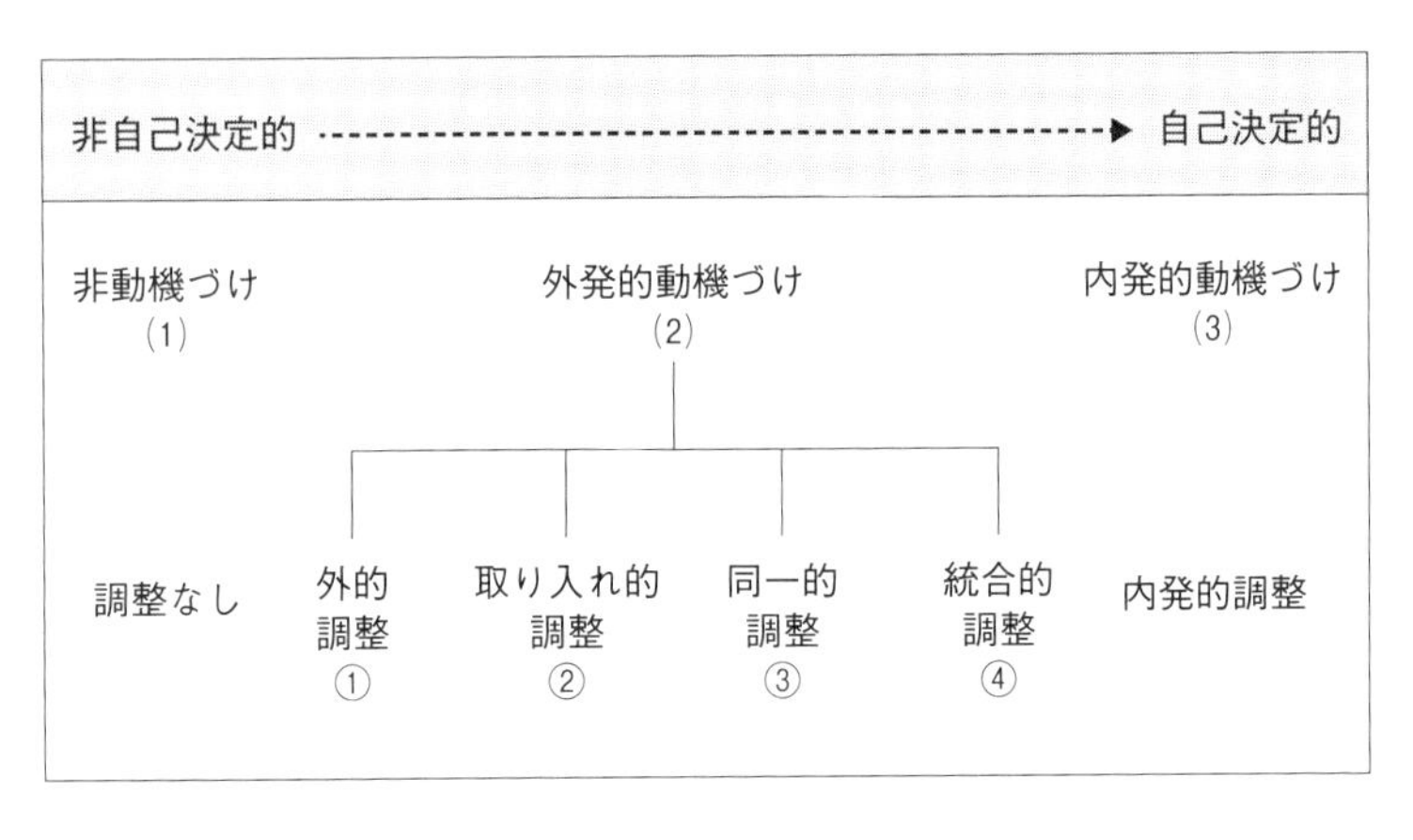

図3　自己決定理論（デシほか，1985）

(1) 非動機づけ（amotivation）

行動と結果との随伴性を認知しておらず、活動に対して全く動機づけられていない状態で、学習性無力感に陥っている状態に近いものです。

(2) 外発的動機づけ（extrinsic motivation）

外部からの働きかけによって活動する場合の動機づけです。行動は何かを得るための手段でそれ自体が目的にはなっていません。四つの段階があります。

① 外的調整（external regulation）

報酬を得ることや罰を避けることが目的となっており、外的な要因や他者からの働きかけによって行動が開始されるものです。「教員に叱られたくないので学習する」

など で、「やらされている」状態です。

②取り入れ的調整（introjected regulation）

外的統制がなくても行動が開始されますが、目的は不安や恥などの感情を低減し自分を守ることで、内面で統制されている感覚で動機づけられています。「A君に負けたくないので学習する」などで、「やらなくてはならない」という義務感・不安感などの内的な強制力によって取り組む状態です。

③同一的調整（identified regulation）

行動の価値を自己と同一化し、個人的な重要性を感じて肯定的な態度で自発的に従事するものです。「社会的に有名な大学に入学したいので、今から進んで学習する」などで、「自分にとって重要」と価値が認識されて取り組む状態です。

④統合的調整（integrated regulation）

ある活動に対する同一的調整が、ほかの活動に対する価値や欲求との間で矛盾なく統合されている状態であり、全く葛藤を感じずに従事するような動機づけです。「将来医者になって社会に貢献したいので、今から進んで学習する」などで、課題と自分の中の価値観が統合されて自然と取り組める状態です。

⑶内発的動機づけ（intrinsic motivation）

活動それ自体を目的として、興味や楽しさなどのポジティブな感情から動機づけられている状態です。行動の開始、維持において外的要因を必要としないという点で、完全に自律的な動機づけです。「親しみのある地元のことをより知りたいので、その歴史を調べる」などです。

自分の行動を自分で選択できること、ひいては自律的に主体的に学ぶことの背景には、自律的動機づけがあり、自律的動機づけと呼べるのは、「統合的調整」と「内発的動機づけ」です。

自律的動機づけになっていくとは自己決定性を増していく過程であり、最初は自分の外部にあった価値や調整を自身の中に取り込み、統合していくこと（内在化という）です。動機づけが外発的から内発的・自律的になっていくプロセスを支援することが、自律性支援です。

教員が行う自律性支援のポイント

教員が児童生徒に自律性支援をする際は、次のポイントを押さえていくことが必要です。

(1)最初から自律的動機づけで行動できたり、関われたりする児童生徒はとても少ない

教員は(1)の事実を認識し、「親から言われてしぶしぶ勉強する段階」→「不安や恥ずかしさから勉強する段階」→「学習が自分にとって大切であるという価値観をもって勉強する段階」という具合に、段階的に支援することがポイントです。

(2)児童生徒が学校で学習する内容は、大人として活動していくために必要な知識・技術であり、一定の努力や苦労が必要となり、児童生徒にとって学習することは楽しくない場合が多い

(3)学習の「楽しい」という面だけを喚起しても自律的学習にはつながらない

(2)と(3)は関連性が高いのでまとめて説明します。

教科書の内容を説明するだけやドリル的演習を繰り返すだけの授業が児童生徒の学習意欲を低下させることは言うまでもありませんが、教員が授業を面白く展開すれば児童生徒はその内容に関心をもち内発的動機づけが育成され、自律的に主体的に学ぶようになると考えるのも短絡的です。後者は児童生徒の感情的興奮を教員が外発的に喚起して、当座の学習行動を引き起こしているだけだからです。

外から刺激されて感じる、単に「楽しい」「面白い」というレベルの感情的興奮だけでは、最初は学習活動に向かっても、長続きはしません。教員がこのやり方を繰り返すだけだと、児童生徒は「楽しい」を常に期待するようになり、「面白くない」課題の勉強はしない、反復練習などの単調な取組みを嫌がる、積み上げるような努力を厭うなどの傾向が生起し、内発的動機づけによる主体的な学びに至ることが少なくなってしまいます。

学習を持続してやり遂げるためには内発的動機づけが必要ですが、それは感情的興奮を促すだけで生起するものではありません。外からの社会的価値の影響力と、本人がもつ自由な考え方が葛藤する中で、将来の目標達成のために外界の価値を内面化していこうとする強い意志をもてるように促していくことも、内発的動機づけを生起させるために必要な支援です。この強い意志は葛藤の中でも学習をやり遂げようとする原動力となるものであり、児童生徒に自律的に学習する力が育成されていくために大事なものです。

自律的に取り組む意志とそのための方法をある程度身につけた後は、学習に取り組むこと自体の楽しさをさらに実感できるようになり、また学習する楽しさが内発的動機づけを高めます。その域に達していない人に、内発的動機づけを短絡的に植えつけようとしても無理があります。

そこで、内発的な動機づけで行動できるようにするためには、最初は保護者や教員からの支援が必要です。「スキャフォールディング（scaffolding）」と呼ばれる足場づくりから始めます。学習者が様々な作業に挑戦する際に、教育者が作業の難易度に合わせて足場をつくって手助けをすることです。そして、児童生徒の自己決定性が増していくにつれ、「フェーディング（fading）」を行います。学習者の成長の段階に伴って、徐々に支援を減らしていくことです。

教員が行う自律性支援の流れ

内発的な動機づけで行動できるように支援する現実的な取組みは、まず同一的調整段階の動機づけを育成することを目指し、ある程度定着してきた段階で統合的調整段階の動機づけ（自律的動機づけ）に育成していきます。支援の際は、次のようなことが求められます。

◎学習活動における葛藤やストレスに対処する方法を身につけさせる
◎自己制御するために自分の学習方法についての意識（メタ認知）を働かせる方法を身につけさせる
・勉強するとき大切なところはどこかを考えながら進められるようになる
・効率的に学ぶために望ましい学習の順序を考えられるようになる　など
◎教員や仲間からサポートを受けながら刺激し合い、自己制御するための自分の方法を身につけさせる

学校で行う自律性支援は、同一化的調整の動機づけを高めることが中心になると思います。その

方法として、多様な自己対話と、他者対話を用いてトレーニングさせることが必要となり、児童生徒の認知的機能を十分に鍛えることが求められます。

そのためには、授業（総合的な学習の時間や道徳科を含む）や特別活動に、児童生徒の認知的機能を活性化させるような取組みや仕組みを設定することと、教員が児童生徒の同一的調整の動機づけを高めるような指導行動をとることが必要です（詳細は第二部で説明します）。

自己調整学習（self-regulated learning）とは

心理学では、自律的学習を「自己調整学習（self-regulated learning）」と呼んで研究対象としています。自己調整学習とは、学習者が、学習過程に、「動機づけ」「学習方略」「メタ認知」の考えを取り入れ、行動に積極的に関与する学習です。この三つの要素を身につけ、統合的に適切に活用できるのが自律的な学習者です。

⑴動機づけ

動機づけとは、行動を起こさせ目標に向かわせる心理的過程です。先ほどの説明に付け加えたいのは、「自己効力感（self-efficacy）」という概念です。課題や対象に対して「やれそうだ」「できそうだ」という肯定的な見通しのことです。

自己効力感は人間が行動を引き起こす中核的な要因と考えられており、高い自己効力感をもって学習に取り組めるかどうかが大事です。

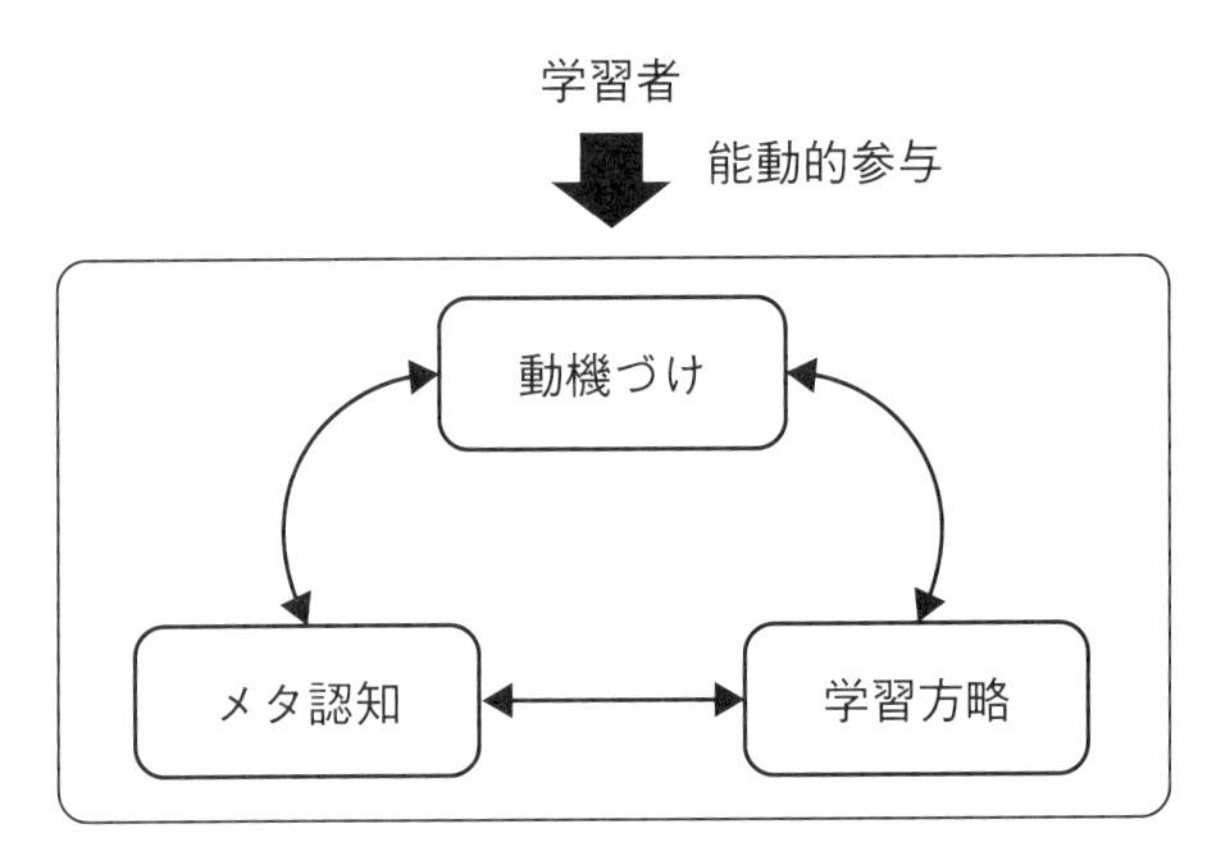

図４　自己調整学習の３つの要素の関係性

(2) 学習方略

学習方略とは学習方法や勉強の仕方のことで、学習を効果的に進めるために「認知過程」「学習行動」「学習環境」を自分で調整することまで含む概念です。

認知過程に関する学習方略とは、理解が進むように図表にしてまとめたり、既有の知識を関連づけるなどして記憶したり考えたりする認知面と、自分の頑張りに自分なりのご褒美を用意しておき、やる気を喚起するなどの感情面があります。

学習行動に関する学習方略とは、音読する、繰り返し紙に書いて記憶する、友人と問題を出し合って公式の活用の仕方を身につけるなどがあります。

学習環境に関する学習方略とは、学習する前に机の上を整理する、課題に活用できる参考書などを事前に用意しておくなど、自ら学ぶ環境をつくることです。

このように、学習内容や自分の特性に合った学習方略を選択できることは、自己調整学習の大切な要件となります。

(3) メタ認知

メタ認知とは、自分の考えていることや行動していることそのものを対象として、客観的に把握し認識することです。自分が何かを覚えたり考えたりしていること（認知）を、自ら自覚し第三者の視点で俯瞰して捉えるための知識と、その知識を用いて適切に調整することです。

メタ認知が活用される学習場面は「学習計画の立案」「学習活動の遂行状況」「学習活動の評価」の三つです。メタ認知は知識を活用する際の基盤となる能力です。

「動機づけ」「学習方略」「メタ認知」は相互に影響を与えます（図4、54頁）。どれか一つでも機能しないと、ほかの要素もマイナスの影響を受けます。例えば、望ましい「動機づけ」が為されないと適切な「学習方略」を選択できない、学習活動に「メタ認知」を活用していないと不適切な「学習方略」を取ってしまい、その結果「動機づけ」も不適切なものになるなどです。

なお、セルフリーダーシップ（16頁）を発揮できる人は、「自己調整学習ができている人」と同義です。自律的学習者とは、セルフリーダーシップが取れる人であり、自己調整学習者なのです。

第一部のまとめ

変化することが常態化した社会において、学校には、全ての児童生徒に「セルフコントロールをしながら自律的・協同的に学習する力」を育成することや、論理的思考力などの認知能力と非認知能力の獲得を計画的に支援することが強く求められています。非認知能力とは、自己肯定感や自立心などの自分に関する力と、協調性や共感性、思いやりなどの社会性、そして道徳性などが含まれた人と関わる力など、社会情緒的スキルともいわれるものです。

これらは、学習を通して学習者自身が「できそうだ」という感覚とともに獲得していかなければ身につかないものですから、児童生徒に対する適切な動機づけが必要です。さらに、児童生徒自身が適切な学習方法を取ることによる成功体験を味わいながら自己肯定感を高めていけるような自律性支援を、個々の児童生徒の特性を踏まえて行われることが求められます。

そのためには、教員の適切な指導行動が不可欠です。

従来の教員の指導行動は、先達から継承した規則や様式、知識・価値・言語・社会的技能を注入することに重きがおかれており、個々の児童生徒の「一定の知識・技能獲得への支援」と「人間関係や情緒面への支援」を中心として行われてきましたが、見直す必要が生じています。

そこで、まず教員が率先してアクティブラーニングを行い、コンピテンシーを磨いていかなければなりません。第二部では、第一部で解説した理想的なあり方に、取り組みやすい目標・方法論を、筆者なりに提案したいと思います。

第２部

現実的な方法論

第5章　教育目標をアップデートする

自律性支援につながる教育目標とは

これからの教育は、児童生徒を自律的な学習者として育成することが求められます。

前章（44頁）で説明した自律的な人がもつ三つの要素、①**人生の目標をもっている**、②**自分なりの価値観を確立している**、③**自分の行動を自分で選択することができる**、を児童生徒に育成しようとする場合、次の点が支援の目標となります。

①「やればできる」という感覚を高める（効力感の高揚）

動機づけの低い人には、「やればできるけれど、今はやらない」と先延ばしをして、結局やらないという傾向がみられます。自分の行動はよい結果に関係があるという期待はもっているのですが、それが行動に結びつかないのです（参照：「やってもできない」と思っている人、63頁）。

この行動をすればこういう結果がもたらされるだろうという感覚を「結果期待」といいます。また、成果を得るための行動を実行できるだろうという感覚を「効力期待」といいます。

特に、効力期待は動機づけにとって重要です。これを左右するのが、「自己効力感（self-efficacy）」

です。自己効力感とは、特定の目標に対して「自分にもできる」という見通しをもてることや自己評価や判断を行い自信とするといったことで、活動の選択、努力、持続、達成に強く作用します（バンデューラ、二〇〇一）。自己効力感をもち、取り組む内容やプロセスのイメージをもち、どうすれば望ましい結果に至るかという見通しをもつことが、自律的な行動を促進します。

自己効力感が形成される要因として、次の四点が指摘されています。

⑴自分で実際にやり遂げられたという経験
⑵他者がやり遂げたという代理的経験（他者の達成行動を観察学習する）
⑶言葉による説得（達成可能性について他者から肯定的に励まされる）
⑷生理的・情動的な状態（心身が不安やストレスにさらされていない）

以上のうち、⑴が最も強力な要因です。過去に類似した課題に取り組み、実際に成功した経験をもっていることが重要なのです。

つまり教員は、児童生徒に課題を与えるだけでなく、それが成功体験となるところまで支援する必要があるのです。

②思考を深める

切磋琢磨できるメンバーが集った集団で、課題に対して自分の意見をもち、メンバーと議論したり互いのよい点をモデリングしたり、論点について自分なりに十分思考する。また、全員で妥当解を練り上げていく。このプロセスを繰り返すことで、思考力や判断力のレベルは上がっていきます。児童生徒はメンバーとの相互啓発を通じて自分自身を発見し、自分に立ち向かい、自分を高めていく能力を身につけていきます。切磋琢磨には教員からの管理・統制よりもメンバーたる児童生徒自身の自律性こそが必要です。他律によって自分を規制させたとしても定着しにくいものです。教員が児童生徒の自律性支援に取り組むプロセスは、自律性を規定する影響度の高い順番とは逆に、身近なところから徐々に取り組み、深めていくことが求められます。

次のようになっていきます。

(1)集団活動を通して、思考を深められるようになる　↑↓　教員からの自律性支援

←→

(2)自己効力感をもつこと（効力期待）ができるようになる

行動の仕方に見通しをもつこと（結果期待）ができるようになる　↑↓　教員からの自律性支援

←

(3)自分で行動を選択できるようになる

価値、意味をもてるようになる　↑↓　教員からの自律性支援

←

(4)人生の目標をもてるようになる　↓　自己の確立

そして、右記に示された集団活動において協同学習が求められます。アクティブラーニングは、協同学習の考え方が基盤となっています。

協同学習とは、授業の中で小グループを利用して学習者たちが共に活動し、自身と互いの学習を最大化させる活動であり、かつ協力して学び合うことで学ぶ内容の理解や習得を目指すとともに、協同の意義に気づき、技能を磨き、価値を学ぶ（内化する）ことが意図される教育活動です。

協同学習の実践は、アメリカでは十九世紀から為されています。デューイも協同学習を積極的に奨励し、アメリカ教育界の中心的な教育実践になっていました。一時、競争による学習が強調された時期に勢いが低下しましたが、一九八〇年代には一斉学習、説明中心の授業の見直しが起こり、再び盛んに研究されるようになりました。多くの小学校において、国語、算数、理科、社会などの教科教育、多民族からなる集団や障害のある児童生徒も含む集団などにおける教育、コンピュータを利用した遠隔地の学校同士での学習などに、協同学習が取り入れられてきました。さらに二十一世紀を迎える頃からは、大学の講義への導入も盛んになりました。

協同学習を取り入れた授業とは、次のようなイメージです（関田・安永、二〇〇五）。

◎仲間同士が、お互いの理解状態を意識しながら、より適切なアドバイスを考え、教え合うことにより、理解が促進される。ほかの学習過程を意識し、その変化を実感できる学び合いを通して、主体的かつ能動的な学びが展開する授業

◎全ての学習者が、共有した学習目標の達成に向け、協同の精神に則り、自分と仲間の学習過程に深く関与し、主体的かつ能動的に教え合い、学び合う授業

協同学習では「自分さえよければ」という態度は否定され、「グループの目標を達成するために、自分にできる貢献を積極的に行う」という態度と、それを具現化する具体的な行為が求められます。

協同学習の効果として、一つの授業科目で認知的側面（学習指導につながる）と態度的側面（生徒指導につながる）が同時に獲得できることがあげられています。

そのためには、教員が児童生徒の実態や学級集団の状態に応じて、協同学習を展開することが求められます。もちろん前提として、建設的な相互作用がある学級集団を形成することが不可欠です。

③自己主張能力を獲得させる

自己主張とは、「自分自身の意見や考えや欲求などを、他人に伝えること」と定義されます。自分の考えや思いを周りの人にわかりやすく、理解されやすく、受け入れられやすく、伝達する力です。チームでは、自分とは価値観や考え方が異なる外部の人々と積極的に交流することが推奨されるため、正しく自己主張する能力が高く評価されます。

ピラミッド型の組織・集団では、自己主張は「自分の意見や考え、欲求などを強く言い張ること」といった、自己中心的で協調性が低いというイメージが伴います。その結果、正しく自己主張することの学習は軽視されてきました。そして、集団の論理に従い、本音を抑えてタテマエの言動を取ってきた側面がありました。

しかしこれからは、自分とは異なる文化や歴史に立脚する人々と協力・協働していく多文化共生社会のますますの成熟が目指され、相手の「察する能力」を期待するのではなく、自らの自己主張する能力を洗練させること、相手も納得できるようにスマートに自己主張するスキルが求められます。すなわち、児童生徒が自己主張能力を身につけることができるように、教員は支援することが期待されます。教員は自らそのモデルを示すことが必要なのです。

【58頁補足】

※「やってもできない」と思っている人

このタイプの人は、(1)発達障害や脳の障害を抱えている場合と、(2)学習性無力感に陥っている場合とが考えられます。(1)は医師の、(2)は臨床心理の専門家による対応が必要となることが多くなります。

特に(2)の学習性無力感は、長期にわたって回避困難なストレスフルな環境に置かれ続けた結果、その状況から逃れようとする意欲すらも喪失した無気力状態になるという現象です。学校でも、失敗や嫌な経験を何回もしたことが原因で、勉強や活動に対してやる気がおきない無気力状態になったケースがときどきみられます。

第6章　学級集団づくりをアップデートする

自律性支援における学級集団づくりとは

自律性を基盤としたコンピテンシーは、問題が生起している文脈の中で、それらを実地に活用する経験を積んで獲得されます。集団活動の中で他者との関わりを通して自ら獲得させ、定着させていきます。よって、次の流れを効果的に展開していくことが必要です。

①共同体・学習集団の「環境」に「刺激」されて
②個々の児童生徒が主体的に、協同活動を開始し
③協同活動を通して知識、技能、態度などを自ら身につける

協同的な学習では、児童生徒の相互作用の質が良好で建設的であることが、学習の成果にとって重要です。そして、相互作用の質を左右する最大の要因は、学級集団の状態です。

そこで、右の①②③の構造を踏まえて、次の❶❷❸を支援することが教員に求められます。

❶良好な学級集団を形成する
❷児童生徒同士の良質な相互作用の生起を促進する
❸自らコンピテンシー（資質・能力）を獲得させる

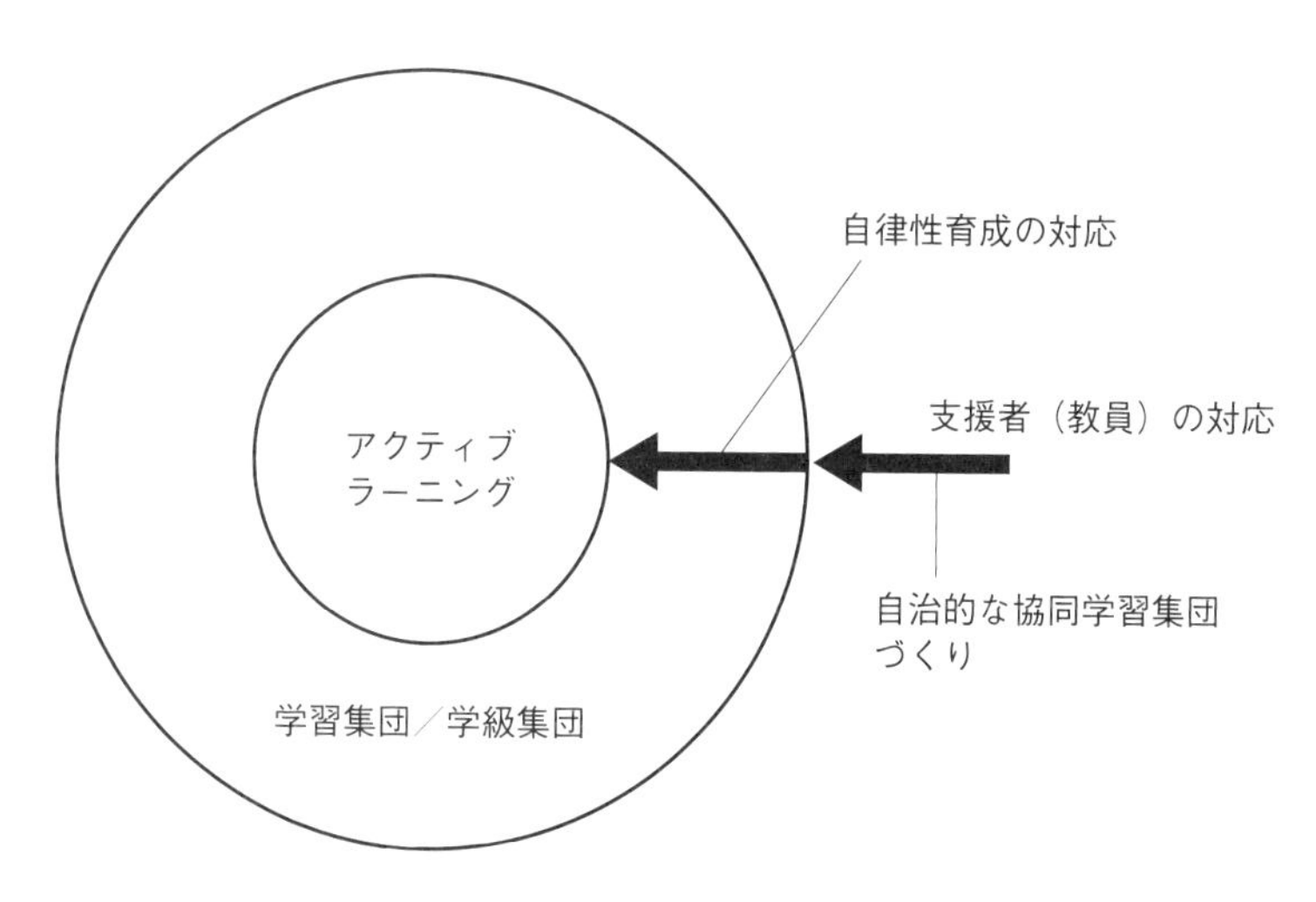

図５　自律性を育成する支援者の行動の原理（河村，2017）

良好な学級集団は児童生徒の良質な相互作用から形成され、良質な相互作用は良好な学級集団で生まれやすいものです。❶と❷は表裏一体です。これらを統合的に確立する取組みが、学級集団づくりです。

学級集団づくりで集団状態を良好にして、授業だけではなく日々の生活や行事などでも良質な相互作用が生まれやすくすることが大事です。この点で❷と❸も表裏一体です。

❶❷❸を統合的に確立した理想的な状態である「安定性＋柔軟性」を有する満足型学級集団と、そのような学級集団を形成して、児童生徒の自律性を育成する教員の行動には特徴があります。その原理を視覚的にまとめたものが図５です。

良質な相互作用が活発な学級集団をつくる

学級集団づくりの必要条件は、以下の二点の統合的な確立です。

◎全ての児童生徒に一定のルールを共有させていく
◎親和的な人間関係（リレーション）を形成して、その関係性を全体に広げていく

コンピテンシーの獲得では「穏やかで安定した学級集団」「リーダー的な児童生徒を中心に団結した学級集団」の状態は不十分で、ルールとリレーションの確立にワンランク上の状態が求められます。学級目標のもとに、児童生徒がフランクかつフラットに関われる状態の学級集団が望ましいのです。

具体的には次のとおりです。

⑴ルールをワンランク上の状態にする対応——意味や価値の共有

ルールに沿った行動の意味や価値が理解されたもとで、一人一人の取組みが主体的に行われていく状態が最終的な目標です。表面に現れた行動の背景・基盤にある原理・原則や価値観を学んでいるとき、それを「ルール学習」といいます（バンデューラ、一九七七）。そして、学んだ原理・原則や価値観にしたがって自発的にルールを守って行動している状態を、「ルールが内在化された状態」といいます。

学級のルールは、児童生徒にルール学習として獲得させる必要があります。教員が画一的な行動の仕方を提起し、それを全ての児童生徒に注入し習慣化させていくというやり方では、ルールが内在化された状態に至ることは望むべくもないのです。

つまり、行動の目標は学級内の児童生徒みな共通ですが、目標の達成を目指す方法は、それぞれの児童生徒の特性に合わせて多様性を担保していくことが必要です。

(2)リレーションをワンランク上の状態にする対応――普遍化信頼を目指す

現代では、児童生徒に多くの人々を信用しようとする「普遍化信頼」を育てることが、教育課題となっています（第一章参照）。親しい仲間内だけでなく、社会全体への普遍化信頼の高まりは、個人における自発的な関心・意欲や協力を喚起し、ひいては、国を越えた多様な人々と共生できる力の育成にもつながっていきます。

学級内のリレーション形成も、児童生徒の間に普遍化信頼を構築することが目標です。不安の強い傾向が指摘されている現代の児童生徒に対して、学級内のリレーション形成として、協同的な取組みを通して「普遍化信頼」を育てていきます。

こうしてルールとリレーションがワンランク上の状態で統合的に確立されると、「安定性＋柔軟性」のある学級集団となります。教員はこの状態を理想として、現状から一つ一つ進めていくような、学級集団づくりの方法論をもつことが必要です。参考文献として、拙著『学級集団づくりのゼロ段階』『アクティブ・ラーニングのゼロ段階』をあげておきます。

指導行動を自律性支援にする

コンピテンシーの育成を目指す授業は、学級集団づくりと自律性支援的な教員の指導行動とセットで取り組む、複合的で高度な教育実践です。

児童生徒が、自律性を基盤とした資質・能力を、「自ら獲得する」ことができるように支援することが求められます。「自ら獲得する」という流れを通して、自ら学ぶ方法を身につけ、そのような行動を習慣化させていくといった一連のプロセス全体の支援が、自律性支援です。教員は指導行動が自律性支援となるように工夫する必要があるのです。

つまり、学習者の視点に立ち、学習者自身の選択や自発性を促すことです。学習者が自律的に活動できる状態になるまでのプロセスを、長期的に支援します。学習者の実態（レディネス）を把握し、学習者に合った支援方法の提供（多様な方略がある）をしていくことです。

自律性支援となる多様な具体的な指導行動を、実態に応じて活用することが期待されます。

統制的指導（自律性支援の対極）を理解して戒める

教員の自律性支援の対極にある、「統制（control）」に基づく指導行動について解説します。統制的指導を端的にいうと、特定の行動を取るように学習者にプレッシャーを与えることです。

要するに、一定の知識や行動を、教員の指示したとおりに、児童生徒に定着させるための指導行動です。従来、教員が一般的に用いていた指導行動です（第三章参照）。教員主導型の教員、管理志向の教員、指導優位の教員などが取る指導行動と、ほぼ同義といってもよいでしょう。
統制を志向する教員には、授業時に次のような行動の特徴があることが指摘されています。

統制的な教員の教授行動（リーヴらをもとに筆者が解釈して作成）

◎「〜しなさい」というような、指示や命令をすることが多い
◎「〜すべきでしょう」と教員の価値観を押しつけるように発言する
◎児童生徒が自分で考える前に、決まったやり方を示したり、「正しいやり方」を教えたりする（児童生徒に考える時間を十分に与えない）
◎教員が説明するために教材を手に持っていたり、独占していたりすることが多い（児童生徒に回して見せたり、触らせたりすることが少ない）
◎「ちゃんとやっているの？」などといった、児童生徒を信じていないような、統制的な質問をする

同様に、統制を志向する教員と同義の教員主導型の教員の指導行動として、次のような特徴が指摘されています。

教員主導型の指導スタイルの特徴（瀬尾、二〇〇八）

◎つまずいた問題で重要なところを教員が教える
◎どうすればまちがわないかを教員が教える
◎まちがった原因を教員が教える

以上のような統制に基づく指導行動は、全ての児童生徒に一定の知識や行動を獲得させるには効率的ですが、次のようなマイナス面があります。

統制に基づく指導行動のマイナス面

◎児童生徒自身が行うべき思考活動を教員が肩代わりしてしまっている
◎児童生徒が自律的に学んでいくのに必要な学習方略を習得する機会を奪っている
◎教員の命令に服従し、自分たちで思考したり判断したりするのではなく、教員の判断や指示に依存する傾向が生まれている

結果として、授業をはじめさまざまな教育活動の場面で、児童生徒の自律性が育成されにくいというデメリットが生じてしまいます。これからの教育において、致命的なものです。

統制を志向する教員は、学習者の動機づけを喚起するための方法に関して特定の信念や態度をもっており、学習者の相互作用が期待される場面において、それらが具体的な教授行動として発現することが指摘されています（リーヴほか、二〇〇八）。

つまり、「児童生徒は統制しなければならない」という信念や固定観念をもっている教員は、その背景として教員自身が統制されて育ってきたことが強く影響しているのだと思います。しかし、児童生徒に一定の知識を身につけさせることから、自律的に学習できる児童生徒の育成へと、教育の目標と指導行動について意識改革が求められます。

集団活動型自律性支援のあり方を理解する

これまで自律性支援は、支援者が対象に個別に対応するスタイルがイメージされてきました。しかし学校では、学級集団づくりや指導行動を工夫して行うことが現実的です。

本書では、集団活動の中で児童生徒同士の相互作用が自律性支援的になるように、教員が集団に働きかける対応方法を「集団活動型自律性支援」と命名し、そのあり方を提案したいと思います。

教員が集団活動の中にメンバー同士の学び合いや高め合うような切磋琢磨を生起させ、集団啓発する作用が生じるように促し、児童生徒に自らコンピテンシーを獲得させていくのです。このプロセス全体の支援です。

そこで、あらゆる集団活動を積極的に活用します。ほかのメンバーと活動を共にすることで、あることに気づいていく相互作用が生まれるものが「集団活動」です。

集団活動では、児童生徒の興味・関心を強く引き出し、児童生徒同士の相互作用の発生が期待できる活動が望まれます。ポイントは、児童生徒と学級集団の状態に、活動内容とレベルをマッチさせることです。教員は児童生徒同士の相互作用が自律性支援的になるように、集団に働きかけていきます。そのプロセスの中で児童生徒個々に、次の効果をねらいます。

◎主体的に取り組めるようになる
◎他者の考えや行動から学ぶことができるようになる
◎自ら深い思考活動ができるようになる

その結果、児童生徒の自己の確立につながっていきます。

児童生徒に個別の自律性支援をする際のポイントは、児童生徒の実態に合わせて展開していくことですが、集団を単位にして展開していく自律性支援でも、集団の状態に合わせて展開していくことが大きなポイントです（具体的な方法は拙著『アクティブ・ラーニングのゼロ段階』参照）。

児童生徒の実態、集団の状態や風土はさまざまです。その実態を的確に把握し、相応しい「アクティブな要素を含む適切な集団での学習活動の設定」と、「メンバーの自由な思考活動と相互作用をさりげなくリードできる、自律性支援的なリーダーの対応」ができることが、学校で自律性支援を進める教員の力量になるのです。

集団対応と個別対応を不離一体として行う

学校で行う自律性支援は、集団対応と同時に、個別対応も不可欠です。

全体の集団活動のレベルに達していない児童生徒に、ほかのメンバーと対等に交流できるように、能力や動機づけの育成を個別にする必要があります。また、集団活動中に不適応に陥った児童生徒に個別対応することも不可欠です。さらに、集団活動の体験から十分にコンピテンシーを獲得できていない児童生徒に対して、体験から学び取れるように個別支援を行うことが求められます。このような個別支援を行うことによって、集団活動はより効果的なものになります。

つまり、集団対応と個別対応が不離一体に伴うことで、より教育効果が高まります。教員が行う集団対応と個別対応を統合した対応は、次のようなものです。

❶良好な学級集団を形成する

◎全ての児童生徒が学級集団に参加できるための意識とスキルを育成する
◎集団参加・活動に難を抱えている児童生徒に個別支援を行う
◎学級集団づくりを支援するルールの確立・リレーションの形成をする
◎児童生徒が集団活動をできるように支援する

❷児童生徒同士の良質な相互作用の生起を促進する

◎児童生徒の協同活動が深まるように支援する
◎集団活動への適応に苦戦する児童生徒に予防的な支援をする・不適応傾向の児童生徒に支援する
◎思考の交流ができる前提となる学力やスキルを育成する・動機づけをする
◎協同学習が活性化し深まる全体的な枠を提供する
◎児童生徒の思考活動と相互作用の活性化をリードする支援をする

❸自らコンピテンシー（資質・能力）を獲得させる

◎相互作用の中で資質・能力を獲得でき、獲得した資質・能力が確実な力となるように支援する

以上に統合的に取り組むことが、狭義の自律性支援です。

理想形はインクルーシブな学級集団

このような状況が達成された学級集団では、次のような特徴がみられます。

◎児童生徒同士の主体的な対話が、授業だけではなく、全ての学級生活全体の場面でみられる。ことさらアクティブラーニングに取り組んでいるという状況も目立っていない

◎全ての児童生徒の関わり合いが穏やかに日常生活に溶け込み、特別支援の必要な児童生徒が悪目立ちしておらず、特別支援をしているという状況もことさらに目立っていない

人間関係は自然な雰囲気で、児童生徒の適応や学習活動は高いレベルで良好です。特別な対応をせずとも、問題行動が発生しません。個々の児童生徒の行動の自律性がとても高い、すなわち、やらされているのではなく、自ら自発的に行動しているので、生活や活動において無理を感じることが少なく、解決すべき課題が生起したとしても、とてもスムーズに取り組めています。

このような状態は自然と生まれるものではありません。日々の教育活動の水面下で、教員の計画的な自律性支援が確実に展開されている必要があります。

学級集団がチームのような状態となることが、一人一人の児童生徒がセルフリーダーシップを発揮できる土台となります。このような状態を前提として、一人一人の児童生徒にコンピテンシーを獲得させることを目的に、「主体的・対話的で深い学び」による授業改善とともに、通常学級での特別支援教育も推進されます。さらに両者が建設的に統合されることにより、目標は統一的に達成

されていきます。

学級集団づくりに関しては、すでに多くの本で解説しているため（『学級集団づくりのゼロ段階』等）、本書では「集団での学習活動」の展開も含めた「教員の指導行動」、児童生徒が自律性を基盤としたコンピテンシーを獲得するのを支える自律性支援のあり方に焦点化して解説します。

特に、個別対応としての自律性支援だけではなく、学校教育での展開を有効に導く方法ともつながる、集団活動の中で仲間との良質な相互作用を通してコンピテンシーを獲得するのを支援する、集団活動型自律性支援のあり方も解説します。

また、従来より文部科学省（二〇〇八）は教員のコミュニケーション能力の向上の必要性を指摘し、教員と児童生徒との良好な関係性の構築や対応のあり方として、教員がカウンセリングマインドをもち、カウンセリングの技法を生かして児童生徒に対応することを提案し（文部科学省、二〇一〇）、教員の指導行動のあり方をカウンセリングの視点で整理した知見も蓄積されています。本書もこの流れで、教員の指導行動のあり方を整理したいと思います。

第7章 教員のカウンセリング機能をアップデートする

自律性支援におけるカウンセリングとは

人間が自立的な社会生活を送り、ウェルビーイング（well-being）の状態であることを支援する体系として、カウンセリングがあります。現在、世の中にあるカウンセリングの理論と技法は四百を超えます。カウンセリングについてあえて最大公約数の定義をすると、「言語的および非言語的コミュニケーションを通して、相手の行動変容を試みる人間関係」となります。

心理療法が病理的問題を抱えている人を主な支援の対象とするのに対して、カウンセリングの主たる対象は健常者です。カウンセリングの対象となる健常者とは、自分の生き方を自分で選択する力を有している人のことです。

人はだれしも、情緒面の混乱、環境との不適応、適切な学習の不足で、自分で選択する力を適切に発揮できなくなる場合があります。カウンセリングは、そのような状況にある人が、障壁に対処できるように、自分で選択して行動できるようにすることを目的にしています。

クライエントが自分の問題に気づき、受容し、さまざまな可能性の中から生き方を自分の責任で選択し、より建設的に生きていく・自己実現を目指していくという、プロセスを援助します。

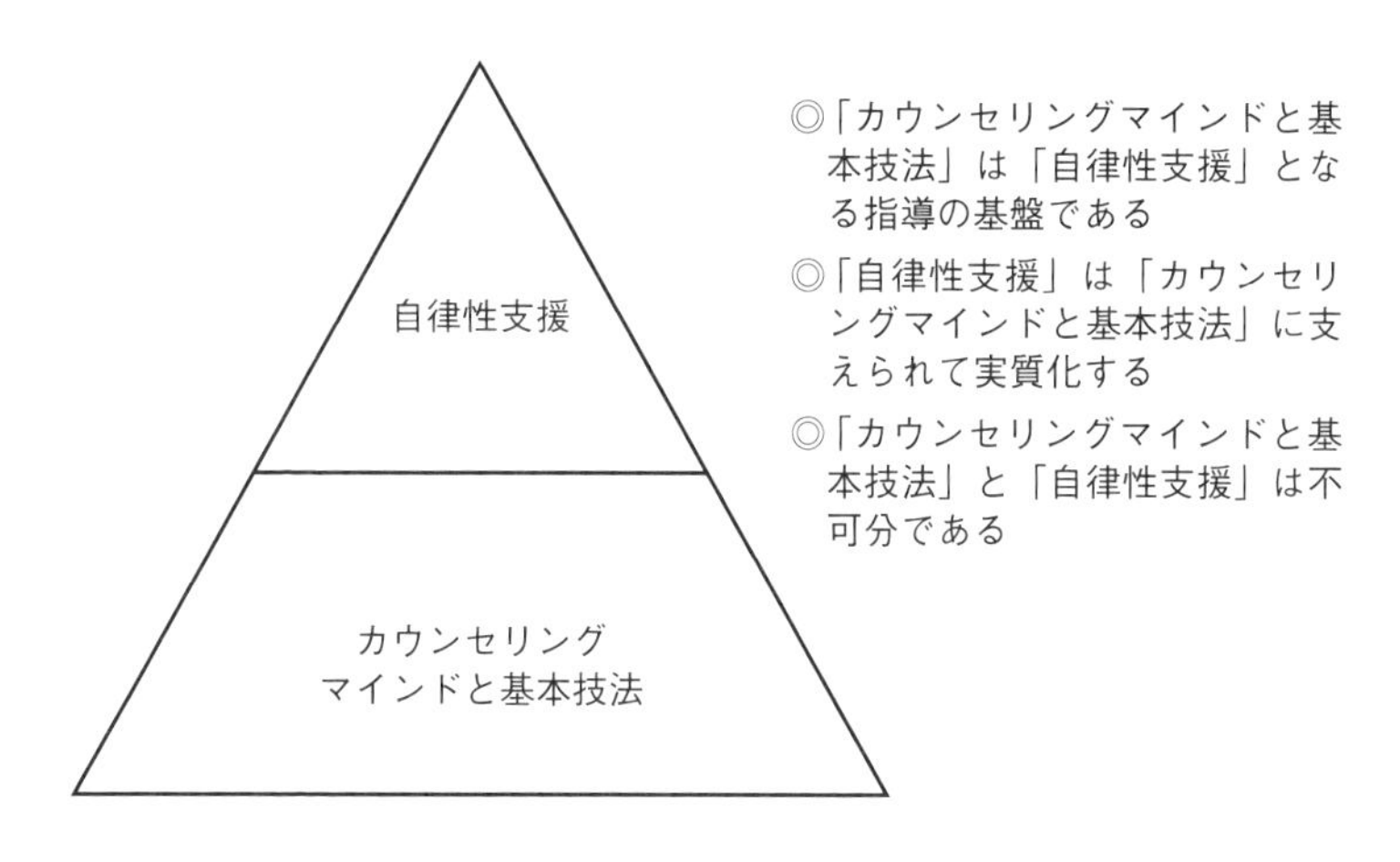

図６　教員が行う「自律性支援」と「カウンセリング」の関係性

カウンセラーは、クライエント自身が自ら問題解決していけるように、援助するのです。

カウンセリングマインド

教育や医療・看護、社会福祉などの対人的な仕事を中心とする職業で、「カウンセリングマインド」が大事にされています。カウンセリングマインドとは「カウンセリングの考え方や姿勢を生かして」という意味で、相手の立場に立って考えや行動を受容的・共感的に理解し、自主性を尊重しようとする態度のことです。

教員がカウンセリングマインドとカウンセリングの技法を発揮することとは教員の指導行動（自律性支援）

の基盤であり、これからますます必要となってきます（図6参照、77頁）。

学校教育における開発的カウンセリング

文部科学省は、スクールカウンセリングを児童生徒の心理的な発達を援助する活動であり、「心の教育」や「生きる力を育てる」などの学校教育目標と同じ目的をもつ活動であるとして、カウンセリングの機能の中でも開発的カウンセリングの側面を重視しています（文部科学省、二〇一〇）。

学校教育における開発的カウンセリングとは、将来、児童生徒が自立して豊かな社会生活が送れるように、児童生徒の心身の発達を促進し、社会生活で必要なライフスキルを育てるなどの人間教育の活動を行うものです。全ての児童生徒を対象とし、教科学習や特別活動、総合的な学習など、学級、学校全体の教育活動を通して、児童生徒の成長を促進するものです。

学校教育は、集団活動の中で生まれる相互作用自体が、児童生徒の社会性やコミュニケーション能力、さらに個性や創造性などの人格形成に寄与することを目指して展開されています。

さらに問題を抱える児童生徒への対応に際しても、スクールカウンセリングは原因を追及し病気を治療する治療モデルではなく、問題を抱える児童生徒と関わり、児童生徒の問題を解決する力を引き出すことを援助する教育モデルによる活動であるとしています。

教育カウンセリング

教育カウンセリングとは、「教育領域、特に学校教育のあらゆる場面で、教育実践や児童生徒の対応に、カウンセリングの理論や技法を活用する試み」です。

先ほどカウンセリングは「自分の生き方を自分で選択する力を有する人」を主な対象にするといいましたが、児童生徒はそのような力を有していない存在です。そのため児童生徒が将来的に自分で選択する力を獲得できるように支援することを、教育カウンセリングは強く望まれてきました。

教育カウンセリングと教育相談は対象とする領域はほぼ等しいですが、主体が異なります。教育相談は教員が主体として取り組むものですが、教育カウンセリングは、教員を含めてスクールカウンセラーや学習補助員、および教育活動を支える役割の者、地域の教育相談センターのカウンセラーなど、あらゆる教育関係者に取り組むことが期待されています。

國分康孝は、教育カウンセリングの目的は「育てる」が主で「治す」は従であること、「育てる」とは「発達課題」を通過することと、説いています。さらに、「育てるカウンセリング」という概念が、教育カウンセリングの核概念であると力説しています（國分ほか、一九九八）。

発達課題とは、発達のプロセスで学習によって形成されるべき課題のことです。ハヴィガーストは、人が社会の一員として健全で幸福な成長を遂げるために期待される社会的役割に注目し、人生を六つの段階に分け、それぞれの段階における発達課題を検討しました。各段階で獲得すべき行動様式や知的発達です。教員は、児童生徒が自分の発達課題を確実に達成することができるように援助することが必要です。

さらに國分は特別活動の本質は集団体験にありとして集団体験に人を癒し人を育てる機能があることを強調し、構成的グループエンカウンターを教育に活用することを推奨しました。この取組みは、構成的グループエンカウンターのプログラムを実施するというだけではなく、あらゆる教育活動にエンカウンターの理念や方法を取り入れて活用することも推奨するものでした。

認知面の対応を充実させる――教育カウンセリングの新展開(1)

学校教育に期待されるのは問題場面で活用できる思考力・判断力・表現力などの「認知的スキル」だけでなく、対人関係を調整して協働することなどの「社会的スキル」までを含めた問題解決につながる能力の開発であり、自律性支援の基盤となるカウンセリングの体系が切に求められます。

従来、教育カウンセリングは、児童生徒の心身の発達を促進して「社会的スキル」も育成することを得意としてきました。今後はこれまでの研究結果をもとに、「認知的スキル」の育成に関する研究も同等以上に充実させていくことが求められます。

そして、教員はこのような教育カウンセリングを指導行動に積極的に取り入れて、学習指導と生徒指導を統合的に展開することがますます求められていきます。ポイントは次のとおりです。

◎学習指導

・従来、教員が児童生徒に、既成の知識や技能を教え込む指導をしてきた

↓

・これからは、児童生徒が協同活動の中での相互作用から、自ら必要なコンピテンシーを学び取っていく、そのプロセス全体を支援する（社会的スキルも育成するという視点）

◎**生徒指導**

・従来、教員が児童生徒の行動面のマイナスの部分を矯正指導してきた

↓

・これからは、児童生徒が問題点に対処するコンピテンシーを自ら学び取っていく、プロセス全体を支援する（認知的スキルも育成するという視点）

状態をスペクトラムで捉える――教育カウンセリングの新展開⑵

感情面や行動面だけではなく、思考面にも積極的に介入して、児童生徒のトータルな発達を支援するカウンセリングの体系が、教育領域で求められています。

そのためには、児童生徒が自律するまでの発達をスペクトラム（連続体）の視点で捉え、各時点で実態にマッチする支援を実施していくことが必要です（スペクトラムで捉える理由は、のちほど説明します）。スペクトラムとは境界もあいまいな中で連続していることであり、各段階に見合った適切な支援方法があるため、きめ細やかにアセスメントすることが必要となってきます。

筆者は右記のようなニーズに応えるカウンセリングの体系を整理し、従来の教育カウンセリングにプラスアルファするものとして、「自律教育カウンセリング」と命名したいと考えています。ただし、自律教育カウンセリングは、既成の集団や組織に適応するための一定の行動様式を獲得させることを、主たるねらいとするものではありません。

強調したいのは、次の二点です。

①児童生徒に自己選択して活動できる「自律する力」の育成を徹底する

・児童生徒の発達をスペクトラム（連続体）の視点で捉え、状態を適切にアセスメントしつつ、実態にマッチする対応を実施し、最終的に自律して行動できるようになることを支援する

②思考力や判断力などの「認知的スキル」の側面も能動的に育成する

・学習指導と生徒指導を統合して支援する
・この取組みには、発達障害の児童生徒への能動的な対応も含まれる

以上の点を含めて、児童生徒が自律的に活動できる状態になるまで支援するプロセス、長いスパンの支援を効果的にする考え方と技法が、自律教育カウンセリングです。

スキャフォールディングとフェーディング――教育カウンセリングの新展開(3)

自律教育カウンセリングは、児童生徒や学級集団の状態（学力や社会的スキル、協同意識、関係性等）を把握し、その人に合った支援方法を選択して提供するという流れを重視します。

ポイントは、「スキャフォールディング」（児童生徒が様々な作業に挑戦する際に、教員が作業の難易度に合わせて足場をつくって手助けをする）と「フェーディング」（児童生徒の成長に伴って、徐々に支援を減らしていく）を組み合わせて支援のプログラムを構成することです。そして学習成果に応じて徐々に外部からの支援を減らしていき、最終的に児童生徒が一人で自発的に行動で

きるようにしていきます。

教員の支援の量（構成のレベル）は、次のようなイメージです。

さらに、児童生徒が集団活動の体験からコンピテンシーを獲得できるようにするためには、個別対応を不離一体に伴うことが不可欠です。そのため集団対応と同時に個別対応も重要となりますが、その際の集団対応と個別対応には「自律性支援としての一貫性」があることが必要です。

なぜスペクトラムで捉えるのか――教育カウンセリングの新展開(4)

児童生徒の学習形態は、①児童生徒個々の実態（児童生徒の基礎学力、ソーシャルスキルのレベル、協同意識など）、②学級集団の状態（学級内の児童生徒の人間関係＝協同関係の構築度、個々の児童生徒のレディネスの分散の度合いなど）、③学習内容や学習段階に規定されます。教員が実態にそぐわない学習形態を強いることは、児童生徒の学習を混乱させる恐れがあります。

そこで筆者は、児童生徒や学級集団の状態をスペクトラム（連続性）で捉えて、学習活動を構成していくことを強く提案します。

コンピテンシーの獲得は集団での学びが前提であり、建設的な状態の学級集団を形成することが不可欠です。そして授業は建設的な状態の学級集団を形成することと同時進行する必要があります。しかし別の見方をすると、児童生徒に協働意識が喚起されていなかったり、協同（働）活動の仕方を身につけていなかったりすることは、学校では珍しくありません。

したがって、教員は学級集団が理想の状態でなくても、少しでも児童生徒にコンピテンシーの獲得が促されるように、実態に合った体験学習をさせる方法論をもつことが必要です。

そこで、「児童生徒の状態」と「学級集団の状態」をアセスメントして、児童生徒の「知識の習得＋コンピテンシーの獲得」を最大化することができるように、学習形態を柔軟に組み合わせていくことが求められます。その方法として、児童生徒の学習活動を教員が実態に合わせて、最初は構成度を強くして徐々に弱めていき（活動の自由度を高めていき）、最終的に児童生徒が自律的にできるように計画することが取り組みやすいと思います。このような一貫性が授業や支援にないと、教員の対応は混乱したものとなり、児童生徒の学習成果も不十分になってしまうと思います。

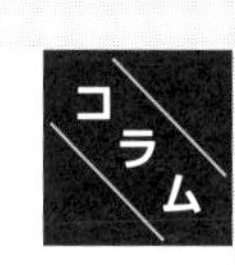

江戸時代の自律性支援

71頁で説明した「集団活動型自律性支援」は、「協同学習（cooperative learning）」の考え方とほぼ同義です。協同学習の実践は、アメリカでは十九世紀から為されており、デューイも協同学習を積極的に奨励し、当時のアメリカ教育界の中心的な教育実践でした（61頁参照）。

では、我が国はどうだったのでしょうか。

桐村（二〇一四）によると、江戸時代の藩校や私塾では、「集団活動型自律性支援」に類似した方法が、学習の中心だったようです。「会業」や「会読」と呼ばれる学習方法です。

会業とは、助教を会頭とし、課題と期日を定めて研修の成果を個人ごとに発表し、互いに討論して疑問を明らかにしながら理解を深めようとする学習方法です。

会読とは、数人が集まって同一の本を読み、研究や討議をするもので、フランクに論じ合うことで、相互コミュニケーション力や対等性が育てられ、いろんな意見や考え方があることを学ぶ学習方法です。有名な「解体新書」は、会読によって翻訳されたそうです。

ほかには、「素読」という音読と暗誦の学習方法と、「講釈」という先生による講義があったそうです。現代の学校教育は江戸時代の「講釈」を中心に展開されていると考えることもできるのです。

桐村（二〇一四）は、幕末の志士を多数輩出した長州の「松下村塾」の教育には七つの特徴があることを指摘しています。次の点です。

①生涯を通じて学習を続けた
②師弟同行（共に教え合い学び合う）が基本姿勢であった
③少人数の小集団の議論を通じて、情報や知恵を集積し、一人ではできなくても、グループでやり遂げられることを体得させた
④フラットにフランクに活動させた
⑤若者を育てるという基本方針があり、いろいろな工夫があった
・若者の自立を辛抱強く待つ
・答えのない問題を仲間と議論して自分の頭で考える習慣をもたせた
・教えいそがない
・自分自身についての理解を深めさせた
・弟子のレベルに応じて個別教育を実施した
・先輩が後輩をマンツーマンで教えた
⑥専門性を高めるためには、その基礎を形成する教養を積むことの大切さが推奨されていた
⑦現場現実にふれ、情報と実践を重視する姿勢があった（オーセンティック教育と近い）

①～⑦の結果、若者たちは、集団啓発の場を活用して、自力で、育っていったというのです。塾生が自力で育つ教育システムが松下村塾にはあったのです。このような教育が、身分制度があった百年以上前の江戸時代に行われていたということが、驚きです。

一人の人間の自律性を確立させていこうとする教育は、時代を越えて共通する点があるのだと思います。吉田松陰の「志を立てて以って万事の源と為す」（心に決めた目標をもつことがすべての行動の起こりとなる）という言葉は、自律性の確立には、まず、自分なりに達成したい目標を明確にもつことが必要という、現代の心理学者の説と、まさに通底するものです。

第8章 児童生徒の自律性を育むカウンセリングの体系

ここからは、教員がアップデートすべき指導行動について解説します。その際、教育カウンセリングが「自律教育カウンセリング」となるために重要なポイントをあげていきます。教員が自身のカウンセリング機能をアップデートすることこそ、自律性支援の要点となります。

教育カウンセリングが自律性支援となるための実施体系

自律教育カウンセリングは、児童生徒が自律性を基盤としたコンピテンシーを集団活動での相互作用を通して自ら獲得できるように、教員が集団活動に働きかけて支援する方法です。

狭義には、児童生徒がアクティブな要素を含む（協同的・双方向的な）学習活動の中で、自由な思考活動と建設的な相互作用ができる、相互作用の中から必要な資質・能力を学び取ることの支援です。

原理としては、個々の児童生徒が一定レベルの「学力・思考力」と「協同意識とソーシャルスキル」を有していること、フラットかつ柔軟で活発な交流のある学級集団の状態が形成できていることが、教育実践の前提となります。

しかし、教育現場ではそのような状態の学級集団はまれであり、理想的な集団状態を目指した学

表2　自律教育カウンセリングの体系

アクティブな要素を含む（協同的・双方向的な）学習活動

自律教育カウンセリングによる支援

メンバーの自由な思考活動と建設的な相互作用をファシリテートするような対応　「構成スキル」×「展開スキル」

学習集団の状態

（児童生徒個々の特性×児童生徒同士の関係性×発達段階）

級集団づくりを進めながら学習活動も展開することが必要です。その際、学級集団を構成する児童生徒の実態、学級集団の状態を的確に把握し、それに相応しい教育実践を展開することになります。

　自律性を育む指導とは、「効力感を高める」「思考を深める」「自己主張能力を獲得させる」の三つです（第五章参照）。自律教育カウンセリングはこの三つを統合して支援する体系です（表2）。

　つまり、学習活動を通じた学習課題の達成と自律性の獲得について、児童生徒が自分たちでできるように、教員が集団活動を「**構成**」して、児童生徒が自律的に取り組むように「**展開**」していくことが、教員が自律教育カウンセリングを実施するということです。

構成スキルと展開スキル――自律教育カウンセリングの実施要素

自律教育カウンセリングの実施要素は「**構成スキル**」と「**展開スキル**」です。

構成スキルとは、対象となる児童生徒や学級集団の状態をアセスメントし、適切な支援段階の指針を立て、構成されたプログラムを設定していくことです。児童生徒や学級集団の状態はスペクトラムで常に変化していくため、的確なアセスメントをすることが肝要です。

最終的に、児童生徒が一人で自発的にできるようになるのが目的ですから、プログラムの構成の強さは、児童生徒や学級集団の状態は自律度が高まるのにつれて、徐々に弱めていくことになります。

いっぽう**展開スキル**には、児童生徒個々が集団活動に建設的に参加し活動できるように、学びを深めることができるように支援する「**個別対応スキル**」と、集団活動をリードして建設的な相互作用を活性化させ、メンバーが多くの学びを得られるように支援する「**集団対応スキル**」という二つの柱があります。

思考と感情を不離一体として捉える

個別対応スキルには、開発的対応、二次的対応などのバリエーションがあります。この点は教育カウンセリングと同様です。

他方、集団対応スキルには、状態に合ったプログラムとして、感情交流の比重の高いものと、思考の交流の比重の高いものがあります。特に、後者は自律教育カウンセリングに特徴的なものです。思考と感情は不離一体の関係にあります。「思考」を妨げる「感情」があり、マイナスの「感情」をコントロールするのが「思考」であるという具合です。この関係性を意識して実施を計画する、あるいは取組みに介入することが、自律教育カウンセリングの特徴です。

スタートはみんなで、最終的には一人でも

自律教育カウンセリングは実践共同体の学習を支えます。実践共同体とは、参加者がある集団への参加を通して知識や技巧の修得が可能になる場のことで、学級集団も該当します。学級集団での日々の生活やさまざまな活動（学習活動も含みます）の中で級友と交流することを通して、児童生徒は自ら必要なものに気づき、自ら学び取っていきます。

しかし、学級集団の中で児童生徒に学び取ってほしい内容は、状況に埋め込まれた知識です。体験をしても意味のある内容に気がつかない、獲得できないという児童生徒は、少なくありません。

したがって、児童生徒が体験していることをこれからの考えや行動に生かせる経験として蓄積していけるように、教員のさりげないサポートが必要です。児童生徒には関わっている取組みの中から特定の内容を意識して観察し意味ある内容を学び取り、学び取った内容を自分でもできるようになることが期待されます。教員には児童生徒の活動プロセスを手助けし、最終的に児童生徒が自発的にできるまで支援することが期待されているのです。

このような支援の一連のプロセスは、次のように整理されています（ブラウンら、一九八九）。教員の指導行動として参考になります。

①モデリング（modeling）

まず教員が児童生徒に学ぶべき内容をデモンストレーションをして見せることです

②コーチング（coaching）

教員が児童生徒に実際にその技能を練習させ、その様子を観察しながらフィードバックをすることです

③スキャフォールディング（scaffolding：足場づくり）

さらにさまざまな作業に児童生徒を挑戦させ、教員はその作業の難易度に合わせて足場をつくって手助けをすることです

④フェーディング（fading）

③の段階の成長に伴って、徐々に支援を減らしていくことです

⑤アーティキュレーション（articulation）

学びを確実なものにするため、教員が児童生徒に獲得した技術や思考を言語化させることです

⑥リフレクション（reflection）

教員が児童生徒自身の活動内容について、振り返りをさせることです

⑦エクスプロレーション（exploration）

教員が次の課題を自主的に探索するよう児童生徒に考えさせることです

学級集団の学びの中でも、授業は絶好の学びの場です。

授業は学級生活で最も多くの時間を費やす集団活動であり、活動が構成しやすいからです。

授業では学習活動のルールを設定したり、学習グループをうまく構成して普段関わりの少ない児童生徒同士の接点をもたせたりすることができます。資料や教材に一緒に向き合うことで、協同学習ができるとともに、徐々に対人交流も広げ、深めていくことも可能になります。こういう点も教員は意識して、取り組んでいくことが求められます。つまり、授業づくりと学級づくりは同義なのです。

第９章 自律教育カウンセリングの構造と方法

ここでは、自律教育カウンセリングの実施要素である、「**構成スキル**」と「**展開スキル**」の概要を説明します。従来の教育カウンセリングと重なる部分は簡略に説明します。

構成スキル⑴ 構成スキルとは

支援の対象となる児童生徒や学級集団の状態は、スペクトラムです。「構成スキル」は、対象のその時その時の状態をアセスメントし、適切な支援の指針を立て、構成されたプログラムを設定していくことです。

構成スキル⑵ 前提となる自律性のレベル

学級で学習活動を展開する際、学級集団の状態のスペクトラムのカテゴリー化の目安なるのは、児童生徒の自律性のレベルと、協同学習が成立するための条件の確立度です。

⑴学習活動に対してどんな態度をとるか

まず、児童生徒の自律性のレベルの目安として、児童生徒が学級での全体の学習活動に対して取りうる態度として、「0」から「6」までの七段階があります（表3、95頁）。

表3　学級での全体の学習活動に対して取りうる態度

0：**無関係**　欠席も多く、グループ活動に参加する意欲もない状態

1：**拒否**　逸脱行動を頻繁に行う状態

2：**不従順**　自分が乗り気でないことを行動や態度で示し、周りの児童生徒の意欲にもマイナスの影響を与える状態

3：**形式的参加**　言われたことだけをしようとし、グループ活動でもフリーライドしがちな状態

4：**従順的参加**　集団の和を乱すような言動は取らないが、それ以上を工夫してやるということはない状態

5：**同一化的動機による参加**　自分で仕事を見つけて仕事をすることができる。ほかのメンバーと積極的に協同活動ができる状態

6：**内発的動機による参加**　内発的に学習して新たな提案ややり方を工夫して主体的に取り組み、かつ全体に提案しながら行動する。ほかのメンバーを積極的に建設的にまきこんでいくことができる状態

学習活動への態度が、表3の「1～3」の段階はセルフコントロールできない状態であり、「4」は教員の指示に従順に従っているだけで、主体的な行動をとっているのは「5」と「6」の段階です。

(2) 学級集団はどんな状態か

次に、児童生徒の協同学習が成立するための条件の確立度については、学級集団の状態を目安とすることができます（図7、96頁）。

学級集団の状態が図7の「−3～2未満」は、協同学習が成立するための条件がほとんど確立されていない段階であり、「2以上4未満」は教員の適切な外部からの支援のもとで協同活動が展開できる段階であり、「4以上」は児童生徒が自律的にで

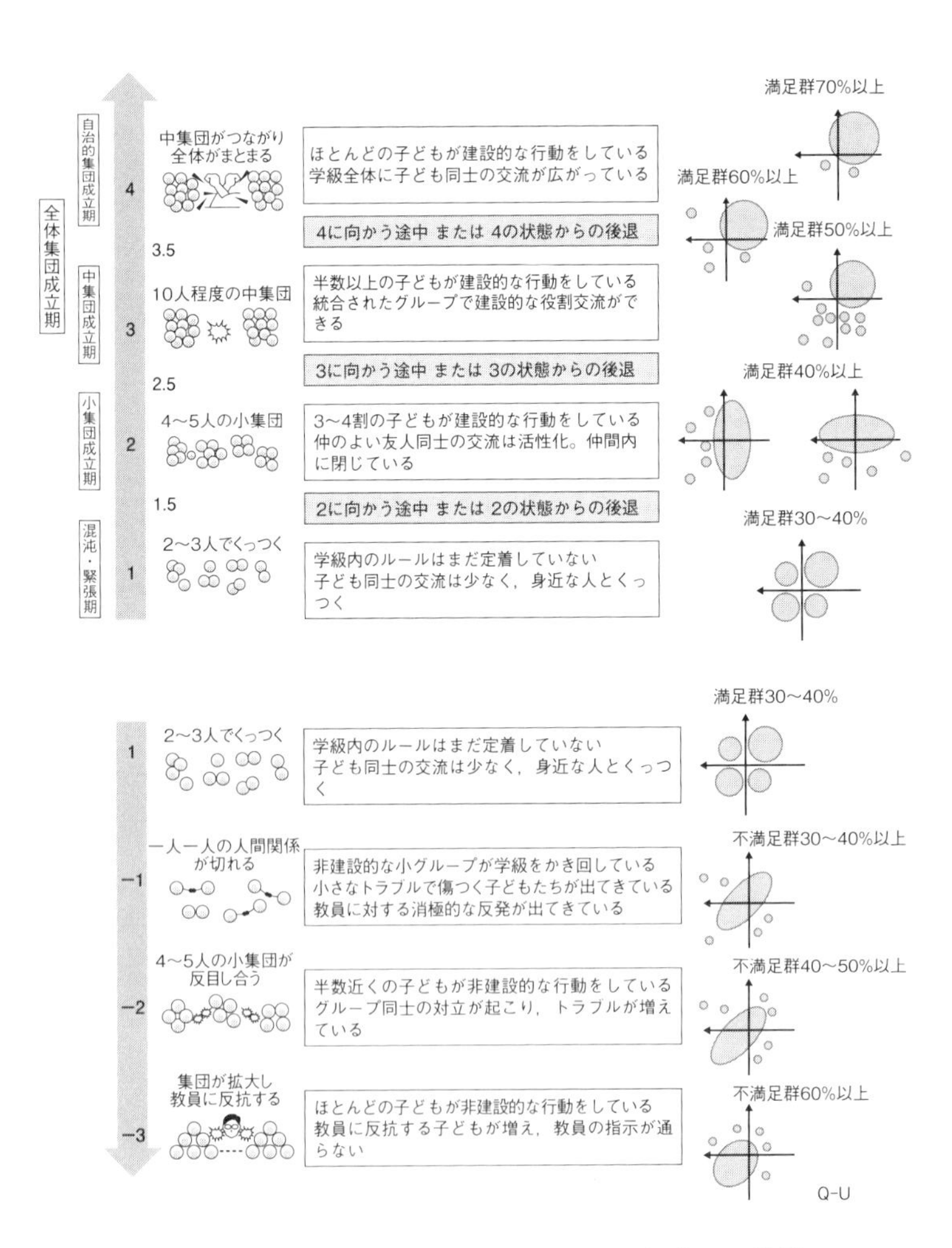

図７　協同学習の確立度の目安となる学級集団の状態

きる状態です。

構成スキル⑶　発揮の強さは集団状態に合わせる

最も構成スキルの発揮が求められるのは学級経営であり、授業を含む集団活動です。学級集団づくりと集団活動の展開を不離一体として計画的に展開するには、大きな枠組みを設定することが不可欠です。

児童生徒と学級集団の状態に応じて、集団活動の展開の枠組みを設定し、自律性がより高まるように集団活動を進めます。

自律的な集団活動を構成する目安として、学級集団の状態に基づき、次の五段階（0〜4）のレベルが想定されます。

◎統制的な指導も必要な学級集団……「0」
◎自治性が低い学級集団……………「1」
◎自治性が中程度の学級集団………「2」
◎自治性が高い学級集団……………「3」
◎自治性がとても高い学級集団……「4」

以上は数字が大きいほど、自律的な学習活動が生起しやすい学級集団と考えます。一つずつ解説を加えていきます。

(1)「統制的な指導も必要な学級集団」は外発的動機づけも必要

自律的な集団活動のレベルが「1」未満の場合、児童生徒が集団を意識することが乏しく、無理に関わらせれば、児童生徒の相互作用がマイナスに働く可能性が高くなります。よって個別に、ソーシャルスキル、基礎学力、協同意識、協同活動のスキルを育成することが必要です。

また児童生徒のレディネスと動機づけが低いため、教員がある程度外発的動機づけを意識した対応をとることが必要です。統制的な指導も必要な集団状態というわけです。児童生徒が自ら建設的な集団を形成する力を発揮していけるように、実態に応じた方法を柔軟に選択することが大事です。

(2)「自治性が低い学級集団」は「教員主導型」学習活動で

自律的な学習活動のレベルが「1」の学級集団は学級内の規律が確立しておらず、「学級での全体の学習活動に対して取りうる態度」で「3以下」の児童生徒が半数近くいるような状態です。

学級集団の状態は「拡散型」「不安定型」で、学級集団の発達段階は「混沌・緊張期」から「小集団成立期」への移行期です。

学級内にルールが定着していないため、活動させる際に教員が一定の枠を与えて、児童生徒の不安を低減し取り組みやすくします。

構成スキルの主な内容

- 教員は教示的リーダーシップを発揮する
- 教員が学習内容と学習方法を定め、児童生徒に課題に取り組ませる

・教員が児童生徒の取組みのプロセスを把握し、成果を評価して、次の学習内容などを提案する

今後の展開の指針

・一斉指導（やりやすいものから）の中に協同活動を一部取り入れる
・実践共同体を形成・維持するソーシャルスキルを学習させる
・CSS（Classroom Social Skills：学級ソーシャルスキル）を学習させる

(3)「自治性が中程度の学級集団」は「自主管理型」学習活動で

学級に「学級での全体の学習活動に対して取りうる態度」で、「3以下」の児童生徒が三割近くいるような状態です。

学級集団の状態は「かたさの見られる型」「ゆるみの見られる型」で、学級集団の発達段階は「小集団成立期」から「中集団成立期」への移行期です。

行動の仕方としてのルールの定着レベルを一定の枠の中で学習活動を繰り返す中で、徐々に内在化させていきます。学習の活用に比重が高いモデルです。

構成スキルの主な内容

・教員は説得的リーダーシップを発揮する
・学習内容と時間設定は教員が定め、取り組み方は児童生徒に委ねる
・課題達成を目指してグループごとに話し合わせ、児童生徒同士で取組みのプロセスを管理させる
・取組みの成果は自分たちである程度評価させて、次の学習の計画を児童生徒に立てさせる

今後の展開の指針

・グループ活動の中にグループ討議を取り入れる

・授業の中に児童生徒で考えさせる部分を取り入れる

(4)「自治性が高い学級集団」は「自己教育・自主管理型」学習活動で

学級に「学級での全体の学習活動に対して取りうる態度」で「3以下」の児童生徒が一割近くいるような状態です。

学級集団の状態は「親和型」で、学級集団の発達段階は「中集団成立期」から「全体集団成立期」の移行期程度です。

ルールが内在化して学級全体の学習活動が整然と活発に為される状態で、自発的に学習するのに適した環境です。学習の活用から探究に移行していく段階のモデルです。

構成スキルの主な内容

・教員は参加的リーダーシップを発揮する

・学習テーマは教員が与え、「内容」「取り組み方」「メンバー構成」は児童生徒に委ねる

・学習テーマの達成に向けて定期的に自己評価させながら、問題意識をもたせて取り組ませる

今後の展開の指針

・学級全体活動の中にクラス討議を取り入れる

・協同学習の活用しやすい既成のプログラムを修正して活用する

⑸「自治性がとても高い学級集団」は「自治型」学習活動で

学級内に「学級での全体の学習活動に対して取りうる態度」で、ほとんどの児童生徒が「5」「6」のレベルのような状態です。

学級集団の状態は「満足型」で、学級集団の発達段階は「自治的集団成立期」です。

一人一人の児童生徒の自律性が高く協同活動も十分にできるようになっている状態で、児童生徒の学習をより深めていけるようなテーマと活動を展開します。学習の探究の段階のモデルです。

構成スキルの主な内容

・教員は委任的リーダーシップを発揮する
・プロジェクト（共通の目的達成に向けて多様なメンバーで構成されたチーム）による活動、アクティブラーニングとなる場を設定する
・グループエンカウンターの要素を取り入れる（思考・行動の交流＋感情や価値の交流。学習者のアイデンティティ形成につながり、道徳教育、キャリア教育の基盤となるものです）

以上をまとめると、児童生徒と学級集団の状態に応じて、集団活動の展開の枠組みを設定し、自律性がより高まるように集団活動を進めていくということです。

その際、最初は集団活動のプログラムの構成度を強め（定型化されているプログラム）にして、自律性が高まるにつれて徐々に構成度を弱めていく流れで取り組みます。

構成スキル(4) 感情交流の比重が高いグループ体験 SGE──BEG

グループエンカウンターとは

教員が活用しやすいグループアプローチとして「グループエンカウンター」があります。児童生徒や学級集団の状態に応じて構成度を柔軟に変化させることができ、教育の場で活用しやすい利点があります。

グループアプローチとは、参加するメンバーの教育・成長を目指した、グループでの生活体験の総称です。特に「生活体験が学習となる」ようにプログラムされたものです。

教育分野での利用は、児童生徒の人格形成が目的となり、自己実現を目指して生活する力や意欲を高めることをねらいとします。方法としては、メンバーによる協同活動や集団生活の中で発生する、メンバー同士が相互に影響を与え合う力(相互作用)を積極的に活用します。

ロジャーズが開発した「グループエンカウンター」は、教育分野で実施されるグループアプローチの代表的な手法の一つで、ひとことでいえば「集中的グループ体験」です。

「エンカウンター」とは出会いの意であり、グループのメンバーがそれぞれ本音を言い合うことを通じて互いの理解を深め、自分自身を受容し成長することによって、対人関係の改善が促進されます。

展開の構成度により「構成的グループエンカウンター(structured group encounter:SGE)」と「ベーシックエンカウンターグループ(basic encounter group:BEG)」に大別されます。

構成的グループエンカウンター（SGE）

ＳＧＥは一九七〇年代後半に國分康孝が体系化し、教育実践に広く活用されているエンカウンターです。ねらいが定まっているプログラムを用いて、リーダー（実践者）は時間や人数に配慮しながら課題を提示して、メンバー同士のふれあいや自他発見を促していきます。

ＳＧＥのプログラムは四つの要素で構成されます。以下にその内容を説明します。

①インストラクション――その取組みの意味や方法を、リーダーが簡潔に具象的に述べること
②ウォーミングアップ――その後に続くエクササイズの意欲づけをする取組み
③エクササイズ――心理的成長を意図して作られた課題
④シェアリング――直前の集団体験を通して得た感情や思いを他者と分かち合い、確認すること

ＳＧＥではグループ体験のねらいをリーダーが設定し、ねらいに応じて効果が最大限に高まるように展開を構成することで、ねらいの達成率を高めます。また、メンバーの共通体験を通した感情交流であるため、交流の方向や深度についてもリーダーがコントロールしやすいことも特徴です。

プログラムは、特に感情交流のテーマや方法がきっちり構成されながら展開されていくため、たとえ集団の状態が良好でなくても活動が散漫になりにくいものです。短時間でできるという利点もあり、さまざまな教育活動に部分的に取り入れて活用することも可能です。

リーダーの役割を取ることになる教員も、カウンセリングの基本的な素養は不可欠ですが、プログラムの定型化により、比較的低いハードルで展開していくことができます。

ベーシックエンカウンターグループ（BEG）

ＢＥＧでは課題などは用意されず、フリートークを主体に行われます。相互作用の如何では、かなり深い感情レベルでの交流になるケースも少なくありません。ファシリテーター（促進者）という進行役により進められます。ファシリテーターはカウンセリングの深い素養を必要とし、メンバーのメンタル面のサポートやスムーズな相互交流を促進するとともに、危機的な場合には介入することが求められます。

ただし、実際のＢＥＧのワークショップでは、初期はある程度ファシリテーターが展開を構成することがあります。またＳＧＥのワークショップでも、プログラムが進んでいってメンバー間のリレーションが深まっていくと、リーダーが構成度を弱めていくことがよくあります。

このようにＳＧＥとＢＥＧはグループの展開が構成的か非構成的かという違いがありますが、教育場面での活用においてねらいはほぼ共通しており、両者の境界は地続き、つまりスペクトラム（連続体）として捉えることが可能です。

つまり、教員はＳＧＥとＢＥＧを別の方法論として捉えるよりも差異をスペクトラム（連続体）、実態に応じてそれぞれの要素を取り入れていくという活用の仕方が求められます。

構成スキル⑸ 思考交流の比重が高いグループ体験　PbBL――PjBL

もう一つ、教員が活用しやすいグループアプローチとして「ＰＢＬ」があります。グループエンカウンターと同じく、実態に応じて構成度を柔軟に変化させやすいものです。

エンカウンターはメンバーの感情交流に重心があるのに対して、ＰＢＬはメンバーの思考交流に重心があります。

ＰＢＬとはアクティブラーニング型の学習法です。真正性の高い課題（authentic problem）に少人数のグループで取り組み、児童生徒自身が学びを管理して、教員がファシリテーターとしてサポートするという活動です。真正性の高い課題とは、現実の社会に存在するほんものの現象に可能な限り近づけてデザインされた学習課題のことです。効果的な活動となるためには、学習者（児童生徒）に学習への責任が求められます。

ＰＢＬは「問題基盤型学習（problem-based learning：ＰｂＢＬ）」と「プロジェクト型学習（project-based learning：ＰｊＢＬ）」の二つに大別されます。両者の識別や定義は曖昧な部分や研究者によって異なりますが、おおよそ次のように整理することができます（松下、二〇一五）。

問題基盤型学習（problem-based learning：ＰｂＢＬ）

問題（problem）が教員から与えられてから学習が始まるなど、ＰｂＢＬでは教員によってあらかじめ学習の工程が明確化され、児童生徒は想定された活動を通して学びます。提示された「問題」や「シナリオ」を解決することを軸として、児童生徒は個人学習とグループ学習を往還しながら取り組んでいきます。

教員は全体の流れをリードし、チューター（tutor）が児童生徒の学習活動を個別に支援します。このチューターの役割をチュートリアル（tutorial：個別指導）といいます。また、チューターとは家庭教員という意味で、個別指導スタッフや日常的に助言をしてくれる人・手助けをしてくれる人のことです。大学で個別に学生の世話をするＴＡ（アシスタントティーチャー）のイメージです。

ＰｂＢＬの大まかな流れ（ステップ）は次の六段階です。

①問題状況に出合う（そこからテーマを決める）
②どうしたら解決できるのか実践的・論理的手法によって考える（解決策を考える）
③相互に話し合い、何を調べるのか明確にする
④自主的に学習する
⑤新たに獲得した知識を問題に適用する
⑥学習したことを要約する

これらのプロセスで答えにたどり着くことを目指して活動すること自体から学習するのです。

ＰｂＢＬは日本では医学系の大学を中心に取り組まれ、専門性を身に付けるための学習法として発展しました。一連の学習課題の中に、学習すべき内容が埋め込まれており、それを教員のリーダーシップを背景にして、学生（児童生徒）が主体的に取り組めるようにプログラムされています。

プロジェクト型学習（project-based learning：P-jBL）

Ｐ・ｊＢＬは学習のプロセス自体を個別の児童生徒に委ね、「プロジェクト」を中心に学習を進め

る方法です。プロジェクトは現実の生活において達成されるねらいをもった活動で、取組みの具体については児童生徒が計画します。

プロジェクトのテーマは教員が提示する場合もありますが、多くは学習者の興味・関心から課題を自身で設定し、その課題解決に向けてチームで協力し学びを進める形態をとります。起源はキルパトリックのプロジェクトメソッドにあるともいわれており、デューイの影響も受けています。日本では工学系の大学を中心に取り組まれてきました。

ＰｊＢＬの大まかな流れ（ステップ）は次の六段階です。

①プロジェクトのテーマを設定する
②解決すべき問題・仮説を立てる
③先行研究をレヴューする
④必要な情報やデータを収集する
⑤データを分析して結果を出して考察をする
⑥成果物として仕上げる

以上の展開は、大学生の卒業論文や大学院生の修士論文や博士論文の、作成プロセスそのものです。プロジェクト学習は研究者が行う研究のステップに近い形で構成されており、学生版の研究活動ともいわれています。

ＰｂＢＬとＰ.ｊＢＬの類似点と相違点

ＰｂＢＬとＰ.ｊＢＬの類似点として、次の点が指摘されています（溝上、二〇一六）。それは、共に実世界の真正（authentic）な問題を題材に、問題解決能力を育成することがねらいとされ、自律的な学習と共働学習を行うことで、既有知識を新たな学習につなげて発展させたり、他者の考えを取り込んで社会構成的に発展させることができるという点です。

いっぽうで、相違点は次のように指摘されています。それは、Ｐ.ｊＢＬはレポートや論文などを仕上げることを目指して問題解決が進められる（プロダクト重視型）のに対して、ＰｂＢＬは問題解決のプロセスにおいて自律的な学習と共働学習を行う態度と問題解決能力を育成することを目指すという点です。

実態に応じた構成スキルの活用の目安

ブラスターとデトマース（二〇一七）をもとに、ＰｂＢＬとＰ.ｊＢＬの関係をスペクトラム（連続体）に整理します。

教員はＰｂＢＬにおいて、授業が問題解決学習として機能するように構成することが役割です。学習全体を構成し児童生徒に知識や助言などを与えます。学習者だけでは十分に習得したり活用したりすることが難しい、プロブレムに対する情報、データ、テクニック、概念、理論などを提示します。

児童生徒は「何が問題であるのか」を明らかにしながら問題を解決していきます。学習と教授の

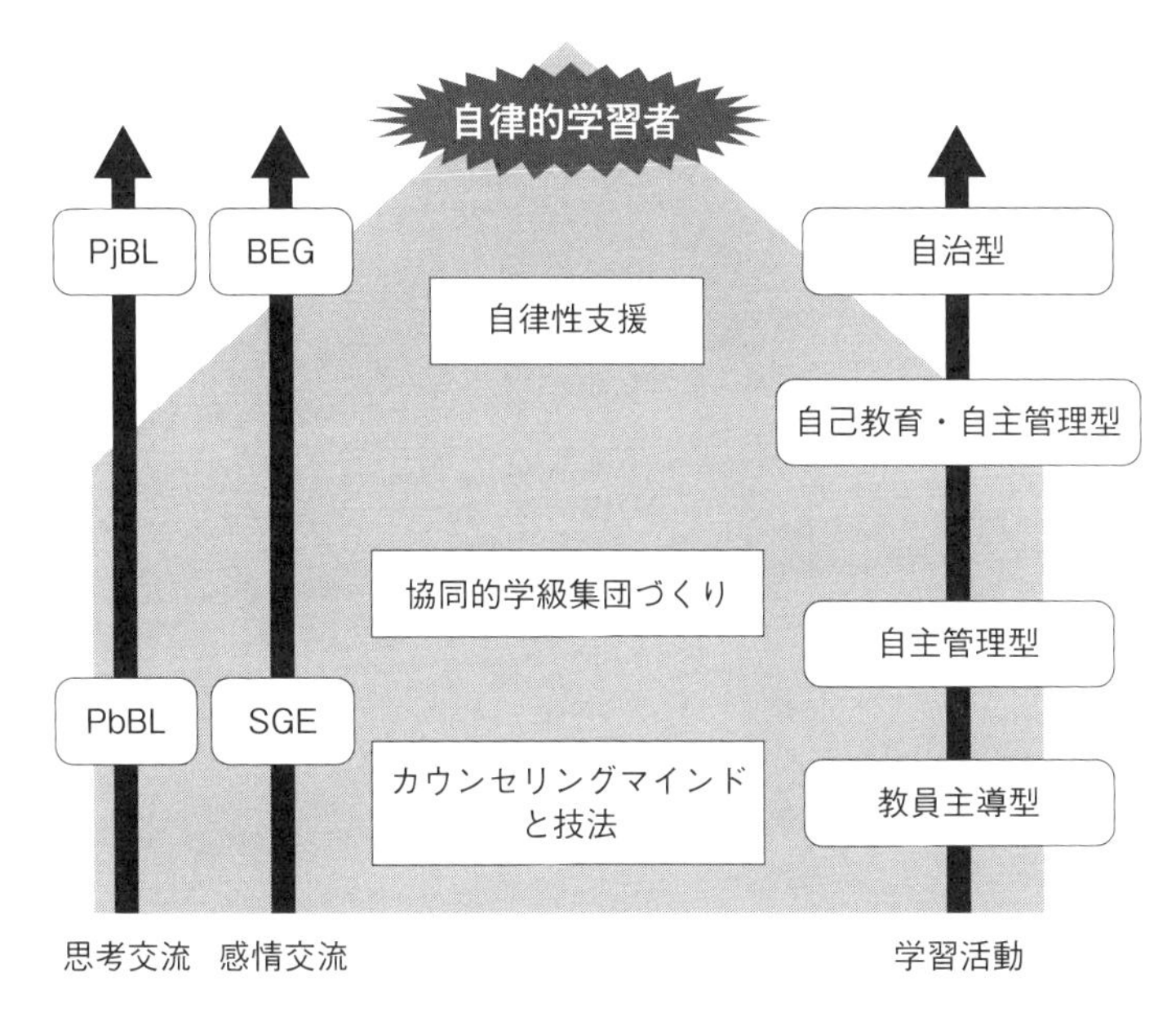

図８　児童生徒と学級集団の状態に応じた構成スキルの活用の目安

相乗効果によって、児童生徒はそれぞれの学習プロセスから学びを獲得していきます。

ＰｊＢＬでは、教員の役割はプロジェクトを導入することとチューターです。タスク（課題）が導入された後は、指導は部分的・個人的に適宜行われます。

つまり、ＰｂＢＬにおいて教員は教員役割を担い、ＰｊＢＬではチューターの役割を担うことで、学習者の自由度を担保します。

なお、ＰｂＢＬとＰjＢＬの関係は、ＳＧＥとＢＥＧの関係と対応させることができます。ここまでを図示したのが図８です。

以上が構成スキルの要旨です。教員は児童生徒と学級集団の状態をアセスメントして、構成スキルを実態に応じてレベルを調整して活用することが求められます。

展開スキル（1）展開スキルとは

ここからは展開スキルについて解説します。

展開スキルは、児童生徒個々が集団活動に建設的に参加できるように、あるいは学びが深まるように支援する「**個別対応スキル**」と、児童生徒の協同性を高め、集団活動を展開させるための具体的な行動である「**集団対応スキル**」の二つの領域があります。いずれも自律性支援を目指して発揮することが必要です。児童生徒の自主性を尊重し、かつ、どのように学習や活動を進めていくべきか明確な道筋を示すことによって、児童生徒が自身で選択し、自己調整的に学習を進めていくことができるように支援するということです。

また、展開スキルの発揮は「開発的支援」と「二次的支援」を意図して行う必要があります。二次的支援は、児童生徒の抱える問題が大きくなって、児童生徒の成長を妨害することのないようにというねらいのもと、児童生徒の問題状況の早期発見を行い支援することです。

開発的支援は、自律教育カウンセリングの中心的な要素です。以下、開発的支援を実質化させるための「個別対応スキル」と「集団対応スキル」の中身について解説を加えます。

展開スキル（2）個別対応スキルによる開発的支援とは

集団活動に参加させる前に児童生徒のレディネスを高める、学習課題に対して児童生徒の内発的動機を高めて自らやりたいという気持ちにさせ、能動的に取り組むように支援をする、集団活動後に体験を経験に整理できるように支援するなど、児童生徒に対して個別に対応を行うことです。

交流的な学習場面では基礎的な知識を事前に理解し定着していることで、思考が活性化されます。知識の活用とはこのようにして起こるため、徹底していくことが求められます。

学級集団づくりの指針「**良好な学級集団を形成する**」「**児童生徒同士の良質な相互作用の生起を促進する**」「**自らコンピテンシーを獲得させる**」（第六章）に対応する次の指針が必要です。

良好な学級集団を形成する

◎全ての児童生徒が学級集団に参加できるための意識とスキルを育成する

学級集団づくりと、児童生徒が建設的に学級生活・活動に参加できるためのソーシャルスキルを同時に育成します（拙著『いま子どもたちに育てたい学級ソーシャルスキル』参照）

児童生徒同士の良質な相互作用の生起を促進する

◎思考の交流ができる前提となる学力やスキルを育成する、動機づけをする

◎児童生徒の思考活動と相互作用の活性化をリードする、支援をする

自らコンピテンシーを獲得させる

◎相互作用の中で資質・能力を獲得でき、獲得した資質・能力が確実な力となるように支援する

展開スキル⑶ 個別対応スキルによる開発的支援のポイント

⑴対話を重視して支援する――児童生徒の話を聴く

自律性支援では対話を重視します。対話を通して他者との相互作用が生じ、その過程の中で知識の再構成が可能となって、知識が構成されていきます。

対話では「相手の話を聴くこと」が大切です。自分の話したいことを一旦留保して、まずは児童生徒の話すことを聴くのです。「受身的に聴く」のではなく、話し手のメッセージ全体を的確に受け止め、解釈して、「児童生徒がもっている知識を再組織化できるようにする」積極的な行為です。

⑵自己調整学習のやり方を身につけさせる。「自律性を促す」「スキルを教える」を同時に実施する

自己調整学習とは何かについては53頁を参照してください。

教員が児童生徒の自主性を尊重し、かつ、どのように学習を進めていくか明確な道筋を示すことによって、児童生徒は自己調整的に学習を進めていくことができます。教員は児童生徒に対して、「自律性を促す」ことと「スキルを教える」ことの両方に取り組むことが求められます。

望ましい自己調整は「教員と始め、終わりは自分で」が合言葉になるように、外発的な行動から内発的な行動へ至るように支援するやり方が求められます。

「スキルを教える」とは特定のやり方を強いるのではなく、児童生徒が自分自身で学習を進めていけるように課題の構造を明確にすることであり、問題の解き方に詰まった児童生徒に別の解き方を

教えるなど、学習の仕方にガイドを与えることです。

参考になるのは、次のような方法です。

◎**自律性を促す支援のあり方**（リーヴら、二〇〇六、二〇〇八をもとに筆者が修正）

・児童生徒の発言をじっくり聞く（聞くことに費やす時間が多い）
・児童生徒がしたいと思っていることを、しっかりと尋ねる（教員の意図を押しつけることが少ない）
・児童生徒に自分のやり方で取り組む時間を十分設ける
・児童生徒に学習内容について発言を促し、話させる時間が多い
・教材が見やすいように、話し合いやすいように、児童生徒の座席を配置する
・教員が指示をするときは、指示をする理由を説明する
・児童生徒の取組みの改善や熟達について、肯定的で効果的なフィードバックを伝える程度が多い
・児童生徒の取組みを後押しし、支え、励ます発言が多い
・児童生徒がつまずいたときにどうすればよいか、ヒントを与えることが多い
・児童生徒が発した質問やコメント、提案に対して、応答的に対応する
・児童生徒の視点や経験を認める共感的な発言が多い

さらに、答えや知識を伝えるのではなく、「児童生徒本人に考えさせるような質問を多く行うことも有効性が認められています。児童生徒が自ら考えることで、学習内容が内在化していきます。教員は児童生徒に次のような質問をし、児童生徒の思考を促すことが必要です。

◎思考を促進するように質問する（ターナーら、二〇〇三）

・結論について問う

例「この結論は、本当に正しいと言えるのだろうか？」

・ほかの知識との関連を問う

例「この結果は、ほかの場面でも成り立つのだろうか？」

・課題の構造について問う

例「どのような条件が揃うと、この結果は成立するのだろうか？」

・次の活動に向けて問う

例「この試行結果で、どのような仮説が立てられるのだろうか？」

・失敗したとき、うまくいかなかったとき、つまずいて思考がストップしているときに、質問して投げやりにならないようにする（問いに答えせることによって、冷静さを取り戻し、再び前向きに取り組めるように促していく）

例「期待する結果を出すためには、何が欠けていたのだろうか？」

例「計画が違っていたのかな？　それとも、やり方がうまくいかなかったのかな？」

例「どこまではわかっていて、どこからがわからないのかな？」

以上のように課題に取り組む児童生徒に質問することで、思考活動に刺激を与えます。

自己調整学習では「動機づけ・学習方略・メタ認知」の三つが柱です。参加意欲を高めること

（動機づけ）、他者の言動から学ぶためのモデリングの仕方を身につけておくこと（学習方略）、思考やスキルや知識の確実な獲得を支援すること（メタ認知）、この三点が必要です。それぞれの指導のポイントを次に押さえたいと思います。

(3) 価値と期待を共に高める――動機づけ

学習に対する動機を高め関与を強化するには「期待×価値モデル（expectancy × value model）」（ブロフィ、二〇一〇）が参考になります。人が課題に注ぐ努力は「課題をうまくやり遂げられるか」という期待の程度（期待）、および、「課題それ自体をやり遂げるプロセスに関与する機会と報酬にどのくらいの価値をおくか」という価値づけの程度（価値）、に左右されます。

したがって、児童生徒の意欲を高めるために、次の二つの支援を同時にすることが求められます。

◎学習課題を児童生徒自身のものにすることで取り組む価値を高める

・精緻化させる

教員が児童生徒に課題を提示する場合は、児童生徒の個人的な知識や経験と結びつくようにして理解させることが求められます

・課題解決ができた場合のメリットや自分なりの意味を理解させる

メリットや意味は児童生徒が具体的にイメージできるように説明することが効果を高めます

◎学習課題の内容を構造化してできそうだという見通し・期待を高める

・体制化する

児童生徒に与える課題の内容を、学習者が取り組みやすいようにカテゴリーに分類してから、提示するようにします

・シェーピングする

学習課題の内容を、取り組みやすいように易しい内容から徐々に難しい内容に至るように構成し、できたという経験から、より高い課題もできそうだという期待を高めながら取り組ませていきます

(4) モデリング(modeling)の方法を身につけさせる——学習方略

モデリング(他者の言動から学ぶ)の仕方は、自然に身につくものではありません。教員は児童生徒が適切なやり方を身につけるよう、支援することが必要です。

モデリングは教員や仲間などのモデルを観察することによって、認知、感情、行動を形成する過程であり、リテラシー、スキル、信念、態度、行動を獲得する大切な方法です(バンデューラ、一九七七)。モデリングによる観察学習は、「注意」「保持」「産出」「動機づけ」の四つの過程からなります。教員は各過程それぞれについて、丁寧に具体的に支援できることが求められます。

◎注意:モデルの行動に目を向ける

・モデリングは観察者が関係のある環境事象に注意しないと生じないため、確実な促しが必要となります

◎保持:モデルに関する情報を記憶に貯蔵しておく

・観察者が捉えた情報を確実に記憶に蓄えていくことが必要です。情報を認知的に組織し、リハーサルするなどして、記憶に留めていくやり方を教えていくことが必要です

◎産出：観察したモデルの行動を自身の行動に移す

・モデルがやってみせた行動だけではなく、その背景にある考え方や思いを含めて行動に移行できるように、「行動＋行動する意味」をセットにして児童生徒に理解させるように支援することが必要です

◎動機づけ：観察した行動を実行するための動機づけ

・観察学習によって、観察者はモデルが学習できる（行動できる）のなら自分も同じようにできると信じるようになり、学習が生じ（行動するようになる）ます。観察者がやってみたいと感じ、自分もできそうだと思えるように、支援していくことが求められます

以上の過程それぞれに、自律性支援的なサポートが必要です。学級の中にはよいモデルとなる級友がたくさんいますから、かれらの行動がモデルとして成立し参照されるように、教員が日々の教育活動を通して適切に支援していきます。

こうして児童生徒が学習した内容は、段階的に内在化（定着）します。次の四段階です。

①観察的レベル

他者の行動を観察することによって、スキルや方略を身につけていく

②模倣的レベル

観察した行動をそのまま真似るだけでなく、モデルの一般的な学習のスタイルや型を模倣する

③セルフコントロールされたレベル

モデルを観察することなく独自にスキルや方略を用いることができるようになっていく

④自己調整されたレベル

自身の置かれた文脈や状況に応じて獲得したスキルや方略を適切に調整しながら用いることができる

そして、学習に関する効果的な方法を児童生徒に内面化させ、児童生徒の効力感を高める方法は、次の二段階で進むことが指摘されています（シャンク、二〇〇一）。

①教員が自己調整していた活動のやり方を見せて、児童生徒が取り入れ・自分の行動にも使えるようにする（観察的レベル、模倣的レベル）

児童生徒が見て真似しやすいように、見やすく理解しやすく活動したり、記憶しやすいように簡潔に活動のポイントを説明したり、児童生徒がモデリングしたものを取り入れる場面を教えてあげたりなど、支援することが必要です

②児童生徒が教員の計画作成やモニタリング、評価の方法を内面化し、自分自身でそれができるようになる（自己の外部にあった価値や調整を取り込み自己と統合していくこと。セルフコントロールされたレベル、自己調整されたレベル）

児童生徒がモデリングしたものを自発的に行動化できるように、自己決定性が高まるように、支援できることが求められます。

(5)思考スキルや知識の獲得を支援する――メタ認知

「メタ認知」の能力とは、自分自身の思考や能力を把握した上で現状を確認し、さらに問題に対し

て行動を変えていったりするなどの能力です。メタ認知的技術の一つが「モニタリング」で、自分を冷静に客観視し、思考や行動の傾向や短所長所を確認していく作業です。もう一つは「コントロール」で、モニタリングで得た情報をもとに、問題解決するための目標を立て、それに向けて行動していきます。例えば、冷静になりにくい怒りの中で、自分のいら立ちやすさの傾向を分析することでモニタリングの力は高まります。傾向がわかったらいら立ちをコントロールするやり方を工夫します。これらのトレーニングとして、日記をつけることが有効なのは昔から知られています。

メタ認知の能力の形成は一人では難しい面が多いため、教員が冷静な第三者としてモニタリングやコントロールに関して、適切に支援してあげることが必要です。メタ認知の能力が育成されず低いままで大人になった場合、自分のマイナス面を薄々わかっていても受け入れることができなくなる傾向をもつことがあります。人からのアドバイスに聞く耳をもたず、そもそも自分のことを自分で知ろうとせず、「自分のことを理解してくれない周囲の人間が悪い」と被害者意識をもつこともあります。そうなると自分で自己成長の機会を放棄することにも、他人に迷惑をかけることにもなってしまいます。

モニタリングの支援の一つで、児童生徒の思考力を深めさせたり、つまずきを乗り越えさせたりするためには、相応の思考スキルや知識の獲得が必要となり、確実な支援が求められます。それを獲得させる指導法として、市川伸一が提案する「認知カウンセリング」が参考になります。

六つの基本技法を活用した支援を通して、学習者の学習観・学習方法を獲得させることができます。以下に紹介します。

認知カウンセリングの六つの基本技法（市川、一九九三、一九九八）

◎自己診断：問題点をはっきりさせるというメタ認知を促す

例：どこがわからないのか、なぜわからないのか、言わせてみる

◎仮想的教示：曖昧な理解な状態を、自分で明確なものにさせていく

例：ある概念や方法を「知らない人に教示するつもりで」説明させる

◎診断的質問：学習者の理解度の診断をする

例：どこまでわかっているかを試すための質問をしてみる

◎比喩的説明：学習内容の意味理解を深めさせる

例：概念の本質を比喩（アナロジー）で説明させる

◎図式的説明：学習内容の意味理解を深めさせる

例：概念間の関係を整理して図式化させてみる

◎教訓帰納：問題側の難しさ、やり方の工夫、自分の思い違い・ミスなどを教訓として抽出させる

例：解いた後に「なぜはじめは解けなかったのか」を問い言わせてみる

以上の技法の活用では、児童生徒に思考させることと、その思考のプロセスが大事なのです。教員は対話を通して、それらを促していきます。

展開スキル⑷ 集団対応スキルによる開発的支援とは

集団対応スキルとは、児童生徒の学習活動を展開させるリーダーシップの発揮ともいえる具体的な対応です。骨子は、学習活動の中で児童生徒の行動や態度に対する対応です。児童生徒のやる気の低下や逸脱行動を、どう学習に向かわせていくのか、学習集団としての雰囲気を高めていくのか、思考活動を深めることができるのかなどです。叱責したりするという従来の統制的行動は、結局、児童生徒の内発的な学習意欲を低下させてしまうため、効果が少ないのです。

学級集団づくりの指針「**良好な学級集団を形成する**」「**児童生徒同士の良質な相互作用の生起を促進する**」（第六章）に対応する、次の指針が必要です。

良好な学級集団を形成する

◎児童生徒が集団活動をできるように支援する

抵抗が少なく、建設的に集団活動に児童生徒が参加しやすい雛型となるやり方として、SGEの活用しやすい既成のエクササイズを修正して活用して、児童生徒に取り組ませるのはとても有効です。拙著『グループ体験によるタイプ別！学級育成プログラム』、國分康孝・國分久子総編集『構成的グループエンカウンター事典』が参考になると思います

児童生徒同士の良質な相互作用の生起を促進する

◎児童生徒の協同活動が深まるように、支援する

◎協同学習が活性化し深まる全体的な枠を提供する

◎児童生徒の思考活動と相互作用の活性化をリードする、支援をする
◎協同学習の活用しやすい既成のプログラムを修正して活用して、児童生徒に取り組ませる

バークレイらは、協同学習のプログラムを、話し合い、教え合い、問題解決、図解、文章完成の五つのカテゴリーに分け、三十の技法を示しました。例えば、「ラウンド・ロビン」は、「課題明示→個人思考（自分の回答を準備）→集団思考（一人ずつ発表）」の手順で授業を構成し、最後にグループで話し合ってより望ましい回答をつくりあげる活動で、課題を変え繰り返し活用できます。ほかにも「ジグソー学習」など、活用しやすいものがたくさん開発されています。

展開スキル(5) 集団対応スキルによる開発的支援のポイント

(1)児童生徒個々の思考の外化の工夫をする

外化とは、自らの考えやアイデアを発話、文章、図式化、ジェスチャー等の方法で、可視化することです。可視化することにより思考が操作の対象となり、理解の不十分さに気づき、正確さを補うことにつながったり（わかったつもりになっていた点が明確に理解できる）、その知識についての新しいつながりを発見したりと、操作する活動を通して児童生徒の相互作用は活性化します。

教員は児童生徒に自分が考えていることを相手に伝わるように外化させることが求められます。外化させる手段としては、発表だけではなく、電子黒板などのＩＴ機器を積極的に活用していくことなども有効であるため、これらの方法に精通していくことも必要です。

(2) 児童生徒個々の思考を「つなぐ」「戻す」対応をする

個人やグループ同士の思考活動をつないで、相互作用が生まれるように支援します。佐藤学が提唱する「学びの共同体」の実践では、学習者やグループがもつ問い、例えば「こういうときはどうすればいいですか？」と質問されても、教員が単純に答えを述べないものとします。例えば「A君はこう言っているけれど、B君はどう考えているのかな」「このグループはこういう結論に至ったようだけど、こちらのグループはどうかな」と展開します。さらに、「A君はデータの分析から検討し、B君は資料の読み深めから検討しているけど、二人で話し合ったらより深まりそうだね」「A君とB君の意見は○○という点で共通しているね」など、相違点や共通点を指摘して人と人（グループとグループ）を積極的につなぐことも必要です。発展形として次の展開もあります。

◎一つのグループの考えを学級全体につなげる

例「Aグループの考えを、みんなに伝えてくれないかな？」

例「多くのグループが考えは、○○がキーワードになっているようだね」

（グループ間の思考の対立軸を明らかにし、学級全体につなぐようにする）

◎学習者の思考を広げるものにつなげる

・教材とつなげる

例「今回の結果を、事前配布された資料をもとに検討してみたらどうかな？」

・既習内容とつなげる

例「今回の結果は、先週までの結果と比べて、矛盾していないかな？」

⑶学び合い活動を取り入れて活動させる

学び合い活動は、教員が授業で達成すべき課題を提起して、学級の全員が課題を達成するために、ほかの児童生徒に疑問点を聞いたり、解決した児童生徒はわからない児童生徒に教えたりする交流活動です。従来からある教育技術です。ＰｂＢＬを応用した取組みとも言えます。

学び合い活動は児童生徒のモデリングや自己効力感を刺激し、学習効果を高めます。児童生徒は、自分と同程度の能力レベルで、最初はできなくても努力してできるようになったプロセスを知っている友人を積極的にモデリングし、自分もやればできるという自己効力感も高めるのです。

学び合い活動は、①課題設定、②学び方・教え方のルール、③児童生徒の人間関係、の三点の如何が成果に影響をもちます。教員はこの三点を確実に対処して、活動を展開することが必要です。

①課題設定

学級の全ての児童生徒が取り組めるレベルの課題が必要です。具体的には、学級の上位二割くらいの児童生徒が十分くらいで達成できるものが妥当です。まず、一人で考える時間はしっかり確保します。その後、学び合い活動が始まります。上位二割くらいの児童生徒が最初に教える役割を担います

②学び方・教え方のルール

「考え方を教えてもらう（自律的援助要請）――教える」をルールにします。その結果、教える児童生徒も仮想的教示（119頁参照）のトレーニングになります。単に「答えだけを教えてもらう（依存的な援助要請）――教える」、「手続きのみ（例えば、平行四辺形の求積法で公式に数字を入れる代入操作の算出法）を教えてもらう――教える」のでは、教える方も教わる方も学びになりません。この点は、教

員は徹底していかなければなりません

③児童生徒の人間関係

学級の児童生徒の人間関係は、学び合い活動に対して決定的な影響力をもちます。ここに、学級集団づくりが大きな意味をもってきます（第六章参照）。授業での学び合い活動の前に、ホームルームで、簡単な学習ゲームを学び合いでやるなど、小さな協同体験を積み重ねていきながら、対人不安を軽減し、学び合うスタイルのレディネスを高めていく必要があります

学び合い活動は、課題解決した児童生徒が可視化される仕組み（課題達成した児童生徒は、自分の名前の磁石のネームプレートを黒板の定められた場所に貼ることで、全員に一目瞭然になる等）を設定すると、「教える役割――教わる役割」が明確になり、スムーズな活動につながります。ただし、学び合い活動は教える者と教えられる者が固定化しないように、いろいろな教科や場面で取り組むことが有効です。学び合いの取組みは「学級集団づくり」にもつながっていきます。

⑷話し合いが建設的になるように、原因の検討は「人」から「事」へと焦点化させる

学級全体で集団活動として取り組んだ結果が期待外れだった場合（例えばバレーボールのクラス対抗で負けてしまった等）、児童生徒はマイナスの感情に包まれやすく、失敗の原因の検討が建設的に為されることも少なくなり、他者を非難することが起こりやすくなります。

例えば、「さぼっている男子が多かったのでうまくいかなかったのだ」「リーダーのA君が自分勝

手に指示を出していたからだ」など、他者への非難が巻き起こります。いくら非難しても物事は解決しないし、それだけでは学びにつながりません。集団のチームワークが揺らいでしまうだけです。

このようなとき、教員は、失敗の原因の検討対象（テーマ）が「人」から「事」になるように導いていくことが必要です。例えば、「ポジション同士でどうしてうまく話し合いができなかったのだろうか？」「次の取り組む方法をみんなと相談できなかったのはどんな理由があったのか？」という意見を述べるといった具合です。これによって、児童生徒は事態を客観的に見ることができるようになり、今後どうすればよいのかを、みんなで冷静に考えることができるようになります。

(5) 問題のない状態を目指すより、問題があってもカバーしながらやっていけるように支援する

児童生徒が建設的な相互作用が発生するような行動がとれるように、望ましい行動を示し、それに近づくように支援します。これによって、特別支援の必要な児童生徒もほかの児童生徒と一緒にやっていける可能性が高まります。例えば次のような支援があります。

- 行動の仕方を、具体的に明確に指示する
- タイムリーな言葉がけで、主体的な行動を支援する
- ポジティブな言葉がけを意図的に増やす・リフレーミングする
- 児童生徒個々の自己効力感が高まるように活動させる
- 最初から多様な学習方法を提示し、その中から自己選択させるようにする
- 未熟なソーシャルスキルを見定め、支援する

・事前に想定される、マイナスの相互作用の発生を予防する
・アドボカシー的対応をする

展開スキルを開発的支援に生かすための要旨は以上です。さらに詳しく学びたい方は拙著『主体的な学びを促すインクルーシブ型学級集団づくり』を参照してください。

自律性支援となるために対応すべき領域

次に自律教育カウンセリングの実施要素の活用の目安を提示します。自律教育カウンセリングの特徴的な領域は、末尾に★の表記をして整理をします。

❶良好な学級集団を形成する

◎全ての児童生徒が学級集団に参加できるための意識とスキルを育成する
　構成スキル＋展開スキル――集団対応・個別対応（開発的対応）
◎集団参加・活動に難を抱えている児童生徒を支援する
　展開スキル――個別対応（二次対応）
◎学級集団づくりを支援するルールの確立・リレーションの形成をする
　構成スキル＋展開スキル――集団対応・個別対応（開発的対応・二次対応）
◎児童生徒が集団活動をできるように支援する

構成スキル＋展開スキル――集団対応

❷児童生徒同士の良質な相互作用の生起を促進する

◎児童生徒の協同活動が深まるように支援する

構成スキル＋展開スキル――集団対応

◎集団活動に適応できない児童生徒を予防する・不適応傾向の児童生徒を支援する

構成スキル＋展開スキル――集団対応・個別対応（開発的対応・二次対応）

◎思考の交流ができる前提となる学力やスキルを育成する、動機づけをする　★

構成スキル＋展開スキル――集団対応・個別対応（開発的対応・二次対応）

◎協同学習が活性化し深まる全体的な枠を提供する　★

構成スキル＋展開スキル――集団対応

◎児童生徒の思考活動と相互作用の活性化をリードする、支援をする　★

構成スキル＋展開スキル――集団対応・個別対応（開発的対応）

❸自らコンピテンシー（資質・能力）を獲得させる

◎相互作用の中で資質・能力を獲得でき、獲得した資質・能力が確実な力となるように支援する　★

構成スキル＋展開スキル――集団対応・個別対応（開発的対応）

第3部

変化に向かって進むためのヒント

第10章 変わることは難しい

教育に大きな変革が求められている中で、教員も自身の教育観や指導行動のあり方の再検討が必要です。自分の様式を簡単に変えることはできません。難しさの一般的な要因を解説します。

経験や時代性からくる難しさ

心理学の定説に基づけば、多くの中堅以上の教員は社会における外的な影響力を自分なりに調整して自らの規範や基準（価値観）をもち、自分の意志により行動を統制・制御することができる自律が完結し、自分なりに自立し社会に位置づいている段階です。このようにして自立してきた社会人のアイデンティティは、自分が成人に至るまでに育った社会情勢から大きな影響を受けています。

特に社会適応の期間が長く、かつ適応のレベルが高い人ほど、内在化の程度が高いと考えられます。大雑把にいうと、第二次産業を主とした工業社会で社会的地位を得て長い期間生活してきた人は、その考え方や行動特性が強く内在化しているため、それらを放棄して新たに知識基盤社会の考え方や行動特性を身につけ実践することに、苦戦するでしょう。一九七〇年以前に生まれた方には、その傾向があると思います。

さらに、地域差によっても状況に対する認識、変化の受け取り方は異なると思います。

例えば、高齢者が多い地域にあるベテラン教員の比率の高い学校で、新学習指導要領の方針はタテマエとなり、日々の教育実践は従来とほとんど変化がないということが、想定されます。

人間は問題となる状況がいずれ来ることを捉えていても、差し迫った問題として痛感されることでもないと、だんだんと意識しなくなり、先送りしてしまうものです。また人間は本能的に変化を拒む生き物です。ホメオスタシス（恒常性維持機能）という作用があって、環境や状況が変わっても、今のままの状態を維持し続けようとするからです。

意識上では「変わらなくてはならない」と思っていても、「変わるのはとても不安である」と無意識に思っていると、無意識の思いのほうを優先するのが人間ではないでしょうか。新たな行動の選択は、従来してきた多くの行動の選択肢を捨て去ることになるため、大きな不安を伴うのです。

さらに、次のような考え方で、先延ばしすることも一般的です。

問題を抱え対処しなければならないが、明白な最善の選択肢が見出せない状況のときなど、「最善策がないのだから何もしない」と考え、「現状維持」という選択肢を取りがちです。その結果、打つ手が全くなくなり、最悪な状況に陥ってしまうのです。

しかし問題は、選択した時点で正解や不正解が決定していると考えてしまうことです。未来のことは誰にも分からないのですから、選択した時点での正解か不正解かは、実際は曖昧です。大事なことは、その選択が正解となるように、その後に継続的に省察しながら行動できるかどうかです。そのように行動できることが自己調整する力であり、児童生徒に育成すべき資質・能力の根柢を為すものです。

教職と教員組織の特性からくる難しさ

二〇一七・二〇一八改訂の学習指導要領は、コンピテンシーベースでカリキュラムが組まれるべきことを掲げ、「主体的・対話的で深い学び」の視点による授業改善を求めています。それを実現するために、各学校・教員がカリキュラム・マネジメントを徹底することも強調しています。

カリキュラム・マネジメントとは、学習指導要領等に基づきどのような教育課程を編成し、どのように実施・評価し改善していくかということで、次の側面があります（中央教育審議会、二〇一六）。

①各教科等の教育内容を相互の関係で捉え、学校の教育目標を踏まえた教科横断的な視点で、その目標の達成に必要な教育の内容を組織的に配列していくこと
②教育内容の質の向上に向けて、子供たちの姿や地域の現状等に関する調査や各種データ等に基づき、教育課程を編成し、実施し、評価して改善を図る一連のPDCAサイクルを確立すること
③教育内容と、教育活動に必要な人的・物的資源等を、地域等の外部の資源も含めて活用しながら効果的に組み合わせること

以上の三点です。児童生徒への教育を充実させるために、各学校の問題を解決するための手立てを具体的に計画し、実践し、その評価を行い、よりよいものに改善していく、この一連の作業がカリキュラム・マネジメントの中心です。

筆者は②の「PDCAサイクルを確立すること」がポイントだと思います。
②の中には二つの側面があります。「学校に所属する児童生徒の実態の把握」と「教育実践の成果についての的確な評価」です。この二つについて、客観的なデータを用いて分析が行われているかが重要です。なぜならその分析結果に基づいて、①と③は決定されるからです。これが曖昧なままでは、その学校・教員の教育実践は実証性を欠いた恣意的なものになってしまうと思います。
これまで学校は実態や取組み結果のアセスメントが曖昧になっていた面があります。例えば、各学校で年度末に行われている学校評価が、通り一遍の形式だけのもので終わっている学校は少なくありません。教育に大きな変革が求められている機会に、是非とも改善しなくてはならないのです。

カリキュラム・マネジメントが強調される背景に、教育活動の中でアセスメントの取組みが曖昧になりやすいという問題があり、そこには教職と教員組織の特性に起因する問題があるのです。

次の三点です。

(1) 教育実践の曖昧さ

そもそも教育実践は実践者の価値観が伴うものであり、多義性がつきものでもあるため、画一的なものさし（価値軸）で評価することが難しいものです。

学校の中で個々の教員の教育実践にはばらつきがあり、そのような状態が放置されているケースは少なくありません。

その最たるものが学級経営です。ほとんどの教員の学級経営、学級集団づくりの進め方は、「自己流」といっても過言ではありません。自分が児童生徒だった頃の学級の記憶、教育実習で体感した手応え、先輩教員のやり方や指導など、インフォーマルな学習によるところが大きいのです。

学級経営は個々の教員が行う教育実践の総体であり、学級集団の状態の如何はいじめの発生率や学習の定着率に直結する問題でもあります。教員の学級経営の力量の向上を求める声は社会的に高まっていますが、体系的に学習するフォーマルな機会は現在の教員養成課程にはありません。

教員間で「目標とすべき学級集団像とそれに至る学級集団育成の方法論」と「現状の学級集団の状態を捉える方法」は明確に共有されていません。これまで学級経営についての検討会が学校で実施されることは少なく、ほかの教員の学級経営に口を挟むのはタブー領域に近かったのです。

その結果、学級集団育成や学級経営の方法論が曖昧なまま共有されない状況が、長らく続いてきました。学級経営のあり方を具体的に評価することも為されてこなかったのです。

(2) 個業意識と遂行目標志向

教員間において教育実践に曖昧さがあることが常態化していることは、教員の仕事には「個業意識」で展開されている面があることを示しています。個業意識とは、個人の考えで仕事を自己完結的に遂行することです。自分の取組みが同僚から評価されることがほとんど無い中で、個業意識で教育実践が為されることが続くと、徐々に「唯我独尊」になっていく傾向は、残念ながらも人間の性といえます。このような経験を継続していくと、他者から評価されることをますます嫌うようになっていき、個業意識の高い状態がその教員組織の文化として確立してしまう面があります。

個業意識をもつ教員がその学校のスタンダードとなる明確な達成目標と、それに至る方法論を厳しく課されない状態が続いた場合、徐々に「遂行目標」で教育実践に取り組むようになります。目標には「習得目標」と「遂行目標」があります（45頁参照）。「習得目標」とは、課題に対して自分自身の能力を伸ばして解決し、有能感を得ようとするための目標であり、自発的で建設的な取組みにつながるものです。「遂行目標」とは、自分の有能感を維持するための目標であり、自分の高い能力やプラス面は誇示し自慢して、低い能力やマイナス面は隠したりごまかしたりする傾向につながります。

例えば、個業意識の強い教員が遂行目標で教育実践に取り組んでいるとき、自分にとって不都合な結果や自分の責任を問われかねない問題が発生した場合、それを自ら隠してしまいがちです。

つまり、個業意識の高い状態が確立している学校では、児童生徒にとって不利益な問題が生じたときに公表されて対処されるよりも、問題が隠されてしまう危険性が高くなっています。このような傾向が生じやすいことが、「学校は閉鎖的」と社会から批判される状況の背景に潜んでいます。

(3) 教員組織の相互不干渉な状態（疎結合システム）

個業意識を背景に、遂行目標で教育実践に取り組んでいくような教員たちが多く集うような教員組織は、「疎結合システム」という、独特の構造を形成していきます。

疎結合システムの組織風土とは、個々の教員の独立性と分離性が保たれることが目指される弱い関係性の状態であり、校内の教員同士が相互不干渉な状態にある組織風土です。

疎結合システムの組織に所属する教員は、教育上の問題に対して組織的に対応するという意識が弱くなるだけではなく、各自の教育実践に関して教員同士で相互評価することを避ける傾向が強くなります。教育実践に向かう姿勢も教員個々に委ねられ、お互いに干渉しないようになっていきます。個々の教員が「自分が批判されたくないので、他者も批判しない」という組織の暗黙のルールに従っているのです。

疎結合システムの組織に所属すると、たとえ教育実践の取組みの水準が低くても、周りの教員から指摘されることは少なくなるため、個々の教員が自発的に改善する可能性も低くなってしまいます。

組織風土によって強化されるという難しさ

急速な社会の変化に起因して、大きな教育改革が実施されようとしている現在、タテマエとしては変化しなければならないと言いながら、ホンネとしての日々の教育実践は従来とほとんど変化がないということは、残念ながら十分想定されることです。

変化が妨げられる状態から脱却するためには、教員個々の個人的な頑張りだけでは限界があり、教員組織のあり方そのものの改革も不可欠になると思います。

なぜなら、「ホンネでは取り組みたくない」という感情は、そのように感じている教員で構成される教員組織の風土によって強化されている面があるからです。「ホンネでは取り組みたくない」という教員の感情を変化させるためには、教員組織の風土の改革が第一歩になると考えられます（河村、二〇一七）。

第11章 変われない心理、進むためのヒント

求められる「学び続ける教員」

知識基盤社会で必要な「生きる力」は、まさに「生涯にわたって学び続ける力」であり、教員こそ「主体的・対話的で深い学び」を継続して活動することで、児童生徒のよきモデルとなることが期待されています。

中央教育審議会（二〇一二）も、社会の急速な進展の中で知識・技能が陳腐化しないよう絶えざる刷新が必要であり、「学び続ける教員像」の確立の必要性を指摘するなど、教員には常に自主的に学び続ける向上心と、チームの一員として活動できる協働性が求められています。

筆者はこのような教員像を、「自主・向上性」と「同僚・協働性」の二つの視点から捉えることを提唱し、尺度を作成しました（河村、二〇一七）。

「自主・向上性」とは、教育実践の向上を目指して教員個々の自主的に学び続ける意欲と行動の高さです。「同僚・協働性」とは、学校全体の教育活動に対して組織的に取り組めるような同僚性と協働性についての意識と行動の高さです。二つがともに高い教員が、「学び続ける教員像」なのです。

全ての人が出合う発達課題からくる問題

近年の教員に対する社会的な信頼の揺らぎを象徴する事象として、指導力不足の教員が年々増加している傾向にあることや、教職に対する情熱や使命感が低下している教員が少なからずいるという指摘（中央教育審議会、二〇一二）があります。さらに教育が大きな改革に向かっている中で、教員一人一人が自分の意識とやり方を再検討して変化に対応していくことは「待ったなし」の最重要課題です。

このような中で、変われない教員の存在と教員組織に与える影響が、教育実践の展開に、とても大きな歪みを与えていくと予想されます。

本章では、この問題を背景にある「全ての人が出合う発達課題からくる問題」として考えたいと思います。自分自身もその中の一人になる可能性があるという、自戒を込めています。

成人も発達課題につまずく

中央研修で十五年近く、管理職を対象とした教員組織づくりの研修を担当した中で、各学校の管理職は校内の教員の支援と対応にとても苦労している実態が見えてきました。

各学校には常に個別配慮を必要としている教員が一定数いるということです。代表的な教員像として、教員組織に与える影響が深刻な順に、「意欲と責任感を喪失したベテラン教員」「割り切って協働ができない中堅教員」「社会人になれていない若手教員」が挙げられます。

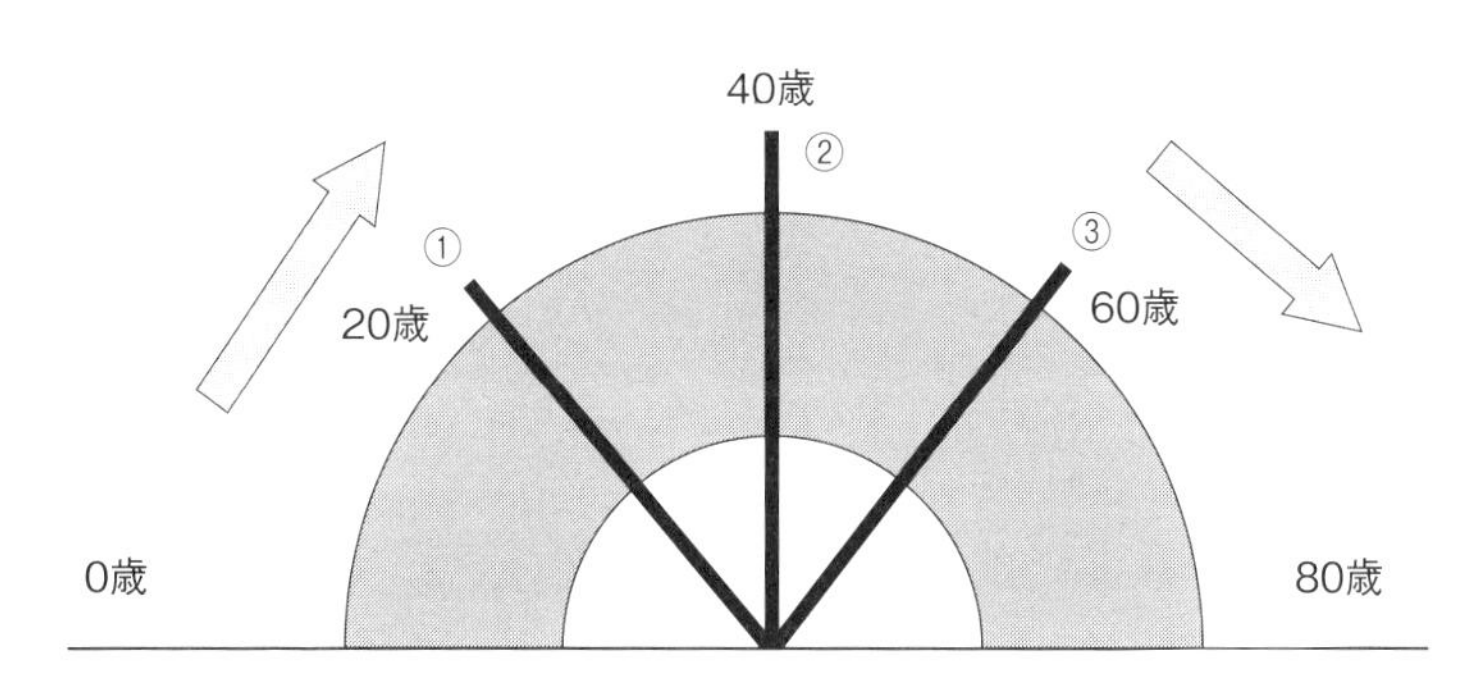

図９　発達課題にぶつかる時期

これらの教員像を俯瞰してみると、人間の発達の恐ろしさを感じます。それぞれの発達段階における発達課題を達成できないでいるという点で、共通するからです。

図９の①②③を見てください。

「人間は大きな発達課題にぶつかる時期が、人生で三回はある」といわれます。その時期は人生の節目です。

発達課題に向き合うことは、「私とは何者か」と問う、アイデンティティの確立（獲得）や再確立の問題を背景に伴います。また、「自分はどういう人間なのか？」「自分は何を大切にして生きていきたいのか？」と迷うことです。

発達課題に対処できることで人は発達し、自分がわからなくなる状態がアイデンティティの拡散です。

代表的な発達課題にぶつかる時期は「青年期」「成人期中期」「老年期」の三つです。

代表的な発達課題と未熟なキャリア発達

青年期は「社会人になれていない若手教員」、成人期中期は「割り切って協働ができない中堅教員」、老年期は「意欲と責任感を喪失したベテラン教員」と重なっています。

(1)青年期の発達課題

二十代から三十代半ばまでの時期にぶつかる発達課題は、職業を得ること、家庭を築くこと、社会に根づくことなど、発達の方向が社会的で対外的な方向での自己の確立に大きな比重があります。達成できないとアイデンティティが確立せず社会活動に一貫性をもって参加できにくくなります。

(2)成人期中期の発達課題

三十代半ばから五十代前半までの時期にぶつかる発達課題は、自分の従来のアイデンティティを加齢に伴う身体の衰えも含めて現在の実態に合わせて再統合することです。その過程においては、価値観の修正も伴ってきます。

この課題を乗り越えた人は、人間の弱さを受容し、自分個人の目標の達成から、徐々に社会に貢献できる、次の世代を育成する中に自分の存在の意義を見出すことができることが多いのです。組織では、自分が常に表舞台で動くというより、土台を陰ながらしっかり支える役割を取るようになります。

逆に、この発達課題について自己への問い直しが少ない人は、頑なに今までの自分を守ろうとしたり、今までうまくいっていたと思っているやり方にこだわったりします。違う視点や異なる方法論を提示されると、自分が否定されたように感じて激怒し、話を聞くこと自体を拒んでしまう傾向もあります。この背景には、現状の自分を直面化し、受容できていない面があるのです。

⑶老年期の発達課題

五十代半ば以降の時期にぶつかる「発達課題」は、定年退職によって今までの社会的役割を喪失するという課題も含まれてきます。この問題を含めてアイデンティティを再統合できないと、自己を失ってしまうほどのダメージを受け、その後の生活も張りのないものになってしまいがちです。

自分の生き方にとって仕事がもつ意味を見出せていない

発達課題が達成できていない⑴⑵⑶の教員は一様に、「アイデンティティが不安定になっている」という不全感があります。それゆえ、教育実践に正対する姿勢が弱くなり、「自主・向上性」と「同僚・協働性」とが共に著しく低下している状態です。その結果、一人前の仕事がこなせない（こなそうとしない）、責任の重い役割は任せることができない（やろうとしない）といった状態に陥っているのです。

この背景には発達の問題として、自分の生き方にとって仕事への取組みがどのような意味があるのか、目の前の仕事に取り組むことが自分の発達にどうつながっているのかなどに、意味が見出せないでいる面があります。しかし、教員をはじめとして、医療・看護・福祉など、人を援助する仕事に従事している人には、特に欠かせない視点です。

キャリア教育は、各人のキャリア発達を促進するための援助です。キャリア発達とは、社会の中で自分の役割を果たしながら、自分らしい生き方を実現していく過程です。人の発達の各段階において達成すべき発達課題があるように、キャリア発達にも各段階で取り組まなければならない課題があり、その段階ごと葛藤が起こります。⑴⑵⑶の教員は、教員のキャリア発達の中で、各年代の代表的な心理的葛藤を抱えているとも言えるのです。

未達成の影響は後の年代まで残る

早い段階の発達段階でつまずいた人は、次の段階でもつまずく確率が高くなります。未達成によるマイナスの影響が残るからです。

「社会人になれていない若手教員」は発達課題が達成されないでいると、「割り切って協働ができない中堅教員」になっていき、さらに、成人期中期までの発達課題が達成されないでいると、最終的に「意欲と責任感を喪失したベテラン教員」になっていくということです。このような教員たちが組織に一定数存在することも、取組みが前向きに変化していけない要因になるのです。

児童生徒への対応の仕方や学級経営の進め方、同僚との人間関係のあり方などに特定の教員が問題を抱えているとき、その教員に単に対応策をわからせるだけでは、本質的には変わりません。

問題の背景にある、アイデンティティに根ざした教育観や価値観や生き方を自ら問うところまで直面化し、自分なりに納得できるところまでいかないと、自らの具体的な教育実践として新しいことに取り組んでいこうという意志にはならないからです。

「一人の人間として自分はどう生きていくのか」、その中に「教員という仕事はどう位置づいていくのか」ということを自ら問いながら自分像を形成していく、新たな自分像を自ら再構築していく営み、つまり、アイデンティティの形成や再統合がなければ、その教員にとって、真の問題解決にはならないといえます。

変化の大きな時代では、生涯にわたるキャリア形成の取組みの重要性が、より高まっていきます。そして自分自身の働き方や生き方を肯定することができるような、そしてさらに前進する動機や目的、目標をもつことが、これまで以上に大切となります。

「生涯にわたって学び続ける」という意識

先述した、教員こそ「主体的・対話的で深い学び」を継続して活動することの必要性は、教員自身のためでもあるのです。

大きな社会的な変化の中で、キャリア教育はさらに重要となってきます。変化の大きい社会の中で生きていくために、獲得したコンピテンシーをどう活用するのかという指針を、児童生徒にもたせることが不可欠だからです。キャリア教育を通して、発達段階ごとのものの見方や行動の仕方に基づいて、自己と社会の関係を捉え、生涯を通して自分の人生をどう生きていくのかという指針を形成します。

キャリア教育が必要なのは児童生徒だけではありません。大人にも必要で、教員も例外ではありません。児童生徒のキャリア発達を支援する教員こそ、自らのキャリア発達についてきちんと検討できていることが必要です。

次からは先述の、「社会人になれていない若手教員」「割り切って協働ができない中堅教員」「意欲と責任感を喪失したベテラン教員」という発達段階の順に、各段階の発達課題を乗り越えられず、同世代の教員と比べても「自主・向上性」と「同僚・協働性」がとても低くなっている問題を抱えた教員について、それぞれの発達課題を取り上げ、考察します。各発達段階の典型例ではありますが、全ての人のキャリア発達について考える際のヒントになると思います。

典型例(1) 社会人になり切れていない若手教員

自分を社会に位置づけることが必要な段階――問題の状況と背景

二十代の発達課題は「自分探しの試行錯誤を経た、自己の確立」であり、これを「自我同一性の達成」といいます。自分は何者かというアイデンティティの獲得です。これがうまくできず、自分の生き方が自分なりに見出せず、社会の中に自分を位置づけられないことが問題です。

達成できないと、社会にコミットできず、社会に責任が伴うかたちで関わりたくないという意識が出てきます。「社会に縛られず、自分中心の環境で、気ままに生きたい」という感じです。

深刻な場合には、「自我同一性の拡散」という、自分像が定まらず、日常生活を送る上で自分なりの座標軸がもてない、「日々の生活を送っているものの、自分の人生の主人公になれていない」

という状態が生じ、社会生活を送る上でもいろいろと不適応状況が現出してしまいます。

近年の青年は、趣味や楽しみの追求を優先させる傾向にあり、「今を楽しく、気楽に生きていきたい」というタイプが過半数を超えています。試行錯誤も熱中もあまりしていませんが、そのことを気にすることは少なく、どちらかというと自分のあり方や生き方に向き合うことをうまく避けて、そこから生じる葛藤や不安に直面することを先延ばししている状態ともいえます。

その結果として追い詰められると、「与えられた条件の中で、比較的有利なものを選択する」という、消去法的な選択をしがちです。つまり、近年の青年期でのアイデンティティの確立度は、かなり低い状態であると思います。

限界に挑戦するための指針

教員になっても、児童生徒との関係もさらっと関わりたい、軽いジョークを言い合うような友達感覚でいたいという、スマートなイメージです。パソコンなどもある程度でき、与えられた仕事は指示された範囲で何とかこなしますが、それ以上の成果を目指して自ら夜遅くまで頑張る、先輩教員の教育技術を自ら盗み取ってでも力をつけたいと行動する若手教員は少数派だと思います。さらに、社会的役割を経験していることも少なく、役割交流を積極的に行って強く組織に貢献しようという行動も少ないように思います。自己認識の能力以上の挑戦をせず、またできないと思っているのです。

このような若い教員のあり方が、周りの中堅以上の教員たちにはやる気が乏しいと映り、はがゆいのです。まさに、アイデンティティの形成が十分できておらず、学校社会に積極的にコミットできていない状態です。

このタイプの若い教員は、具体的な教職の仕事の仕方を身につけるとともに、教職を通した社会的アイデンティティを確立していくことが必要です。それが今後の教員人生の基盤ともなります。したがって、次の二つの点を達成していくことが必要となるのです。

◎教員としての仕事の仕方・前提となる教育技術を獲得する

学校の仕事には、大学の養成課程では習わない教育技術（学級経営、学校行事の中で遅れずに授業を進めていくコツ、生徒指導の要領、諸行事への参加のさせ方、保護者対応の仕方など）があり、それは同僚のやり方をモデリングしたり、教わったりしながら身につけなければならいことを理解し、確実に実行しながら身につけていくことが必要です。求められるのはモデリングの仕方です（116頁参照）。表面的な行動の仕方のみではなく、背景にある教育実践の意味もきちんと押さえていくことが必要です。

そして、先輩教員から教わる際にもルールがあること（きちんと報告・連絡・相談をするなど）を理解し、教わった都度、感謝の意をきちんと示すことを忘れてはなりません。それはチームのルールでもあります。

企業の終身雇用が崩れつつある中で「先輩は後輩を育てるのも仕事のうち」という意識が社会で低下していますが、学校も同様です。

時間を割いて支援をしたのに、当然のような顔をして感謝の意を示さない若手教員に対しては、徐々に誰も支援の手を差し伸べなくなります。それでは、現場で活用できる一定レベルの教育技術を身につけることは難しくなります。

最初は耳に痛い先輩教員からの注意も、わざわざ指導してくれていると考え、そこから学ぶ姿勢が求められます。若い頃に先輩から注意もされないのは、できているというよりも、見放されている可能性も考えられます。

◎教員としてのアイデンティティを確立できるような場に参加する

学年や学期始めや終わり、大きな行事の後などに、教員同士の打ち上げが設定されることがあります。このような場では時として、教員個々の教育観や教育実践の理想をフランクに語り合い、それを教員間で交流することがあります。これを「ダイアログ」（dialogue）といいます。ダイアログとは、互いにわかり合うことを目的に、思いや考えを語り合うことです。

このような場のダイアログが、二十代の教員にとっては、教員個々の教育観を明確なものにし、教職を通したアイデンティティの確立に寄与することもあります。それが「自主・向上性」の基盤になることもあるため、勤務外と事務的に切り捨てているだけではもったいなく、無理のない範囲で参加してみるのもアリだと思います。その場で前向きにモデルにしたいと思えるような先輩教員の話が聞ければ、教員として生きていく上での、大きな学びになると思います。

典型例⑵　割り切って協働ができない中堅教員

この先の生き方を再検討することが必要な段階——問題の状況と背景①

成人期中期に入るこの時期は、職場における働き盛りの実働世代ですが、体力や知力の衰えが見え始め、自分の能力や地位の拡大に限界が見え始める時期でもあるのです。職場でも自分の相対的位置が明確となり、定年までの地位の到達点のだいたいの見通しがもてるようになるからです。

マラソンに例えれば折り返し地点です。人は青年期に確立したアイデンティティに対して、心身の否定的な変化の体験をし、人生の有限性を自覚するようになる成人期中期は、現状のアイデンティティでは、もはやこれからの自分を支えきれないという自覚が生まれ、アイデンティティに揺らぎが起こります。

この時期に現実の自分を受け入れ、自分の内的変化にしっかり気づき、その上でこれからどう生きていくのかという、主体的に自己の生き方を考えることができるかが、新たなアイデンティティの確立（再体制化）につながっていきます。

成人期中期は、さらに成熟した自己を獲得できるか、これまでの自分の枠内に留まり停滞していくかの分岐点です。この時期に人間の生涯で最も精神疾患が多発しているという事実は、アイデンティティの再体制化は、とても大きな発達課題であることを示す面であると思います。

成人期中期の発達課題をクリアできず、アイデンティティの再体制化がうまくいかないと、「停滞」や「自己耽溺」に陥ることになります。

停滞とは同じレベルに留まって安住していることであり、教育実践もマンネリ化しがちで、新たな変化に向かっていくのと対極の行動を取ることになります。

自己耽溺とは本業を顧みず、ほかの関係のない趣味などに夢中になっていることです。例えば、学生時代からやっていた趣味のバンド活動に熱中しているなどです。現状を直面化できず、一種の逃避行動に熱中しているのです。

　これを続けていると、職場での人間関係や本人の精神衛生も徐々に悪化していきます。

　この時期に特に問題なのは、割り切って協働することができない中堅教員です。その特徴は次のようなものです。

・難しい学年の担任や仕事量の多い公務分掌から、要領よく逃げる
・自分は実践しないにも関わらず、ほかの教職員の実践を評論家のように批評する
・学校全体の研究発表などの取組みに、水を差すような発言を繰り返す

理想と現実のギャップに苦しんでいる――問題の状況と背景②

　このタイプの人が周りの批評ばかりをしているのは、逆説的に自分の合理化している現状をなんとか肯定しようと、合理化して自分に言い聞かせているからで、それが他者批判というかたちになっているのです。イソップ物語の「狐とすっぱい葡萄の話」がそのいい例です。

　……狐は、何度飛びついても山葡萄が取れませんでした。あきらめた狐は周りに向かって大きな声で言います。「ああ、よかった。ああ、葡萄が取れなくてよかった。だって、あの葡萄は酸っぱいからね」と。

　このタイプは、青年期は上昇志向や対外評価志向が強いタイプが多く、それが中年期に入ってその達成が難しいと判断して挫折してしまいます。今までの価値観に基づく目標を失ったとしても現実の自分を受け入れ、自分の内的変化にしっかりと気づき、その上でこれからどう生きていくのかという、主体的に自己の生き方を考えることに向き合えず、とりあえず合理化して自分の不安感を

低下させるという対処行動を続けているのです。

これを続けていると、いつまで経っても新たなアイデンティティの確立（再体制化）につながりません。人は言い訳をして他人を偽ることはできても、自分を偽ることはできないからです。自分と向き合うことを避けたツケは、老年期に必ず自分に降りかかってくるのです。

このタイプの人は、同僚から学年や校務分掌の役割を一緒にすることを嫌がられることが少なくありませんが、実は、これからの人生の指針が見出せておらず、とても寂しい人なのです。

限界に挑戦するための指針

現状の教育実践がうまくいっていない場合、その取組み方を修正していかなければなりませんが、十年以上そのやり方を続けてきたので、変われない場合が多いのです。逆に、不安が強いほど、かつてうまくいったやり方に固執する場合が多く、問題は徐々に大きくなって厳しい状況に陥っていくのです。この背景にこそ、成人期中期の発達課題の未達成の問題があるのです。

このタイプの教員への対応は、何かの教育技術の研修をさせる、アドバイスをしたりサポートしたりという次元ではありません。本人が自分自身の発達の問題を直視し、試行錯誤する中で、新たな自分なりの人生の指針を見出し、その中に教員としての仕事が意味のあるものと位置づけられていかなければ、本質的に変わらないのです。

ある程度、自分の発達の問題に直面できた時点で、現状に合わせて自ら変わっていこうとすることができます。したがって、次のような取組みが、対応の第一歩になると思います。

◎他業種の人たちも加わったグループ・アプローチの研修に参加する

◎成人期中期の発達課題を乗り越えた先輩と定期的な語らいをする

再体制化を達成するためには、今まで歩いてきた人生に、対外的に確立してきた自分に、少し距離と時間を取って、自分なりにある程度総括することが、まず求められます。総括とは「今まで自分はどのような思いで何をしてきたのか」を振り返り、それらのことに「自分なりにどんな意味があったのか」を見出すことです。したがって、この作業には「どんな出来事があったにせよ、それがそのときの自分の精一杯だった」という、自分の生きてきた過程を受容することが必要になるのです。

新しい自分を創造していくこととは、自分を全てリセットして、ゼロからやり直すことではありません。今まで生きてきた自分に新たな視点・価値観を加えて少しずつ生き方を修正していくことです。

それまでは余裕がなくて後回しにしてきた、自分が本当にやりたいこと、本来の自分らしい姿を見出し、今までの道のりにこれらの新たな視点を取り入れ、後半の人生に向かう生活・生き方を、自分が納得できるように、修正することです。したがって、より自分の内面的な方向に、発達の方向は向かっていくのです。

このとき、同じような悩みを乗り越えた人々の話やアドバイスは、大いに参考になります。同じような悩みをもつ人がほかにもいると思えるだけで、自分を責める度合いが低下し、現状の自分を受容することが徐々にできるようになります。さらに、この問題に対処するための具体的な方法のバリエーションを知ることで、変化への第一歩を踏み出せるのです。そしてこのような作用を、現状で利害関係の少ない人々から得ることは、抵抗が少なく受け入れることができるのです。

このようなプロセスの中で、人間存在を光のみではなく、影をもひっくるめて見るという統合された視野をもつことができ、自己の弱さや影の部分を受容できるようになってくるのです。それが自分を受容し、再体制化に向かう意志となるのです。

さらに、人間の弱さを知ることによって得られる他者への共感性、配慮、他者を受容するといった力は、他者との関係性が深まるための力ともなっていくと思います。

典型例⑶ 意欲と責任感を喪失したベテラン教員

意欲と責任感を意識的に保つことが必要な段階――問題の状況と背景

成人期中期の発達課題を乗り越えることができず、そのままの状態で過ごしてしまうと、五十代も半ば以降に、日々の学校での教育実践に対して意欲が喪失し、それとともに責任感の低下した状態になっていく可能性が高くなります。

さらに、定年退職も近づいたこの時期の教員は、大きくアイデンティティが揺れる時期です。定年退職は社会的地位や役割、収入を喪失するだけではなく、仕事に付随する社会的環境や人間関係、生きがいを失うことにもつながるからです。さらに、「もう退職が近いから、今さら何をしても仕方がない」と思い、さらに意欲と責任感を喪失していくのです。

このような状態を続けて退職した場合、次のステージの生活に前向きに向かっていくことも難しくなっていくことが多いのです。

このタイプの人の特徴は次のようなものです。

◎現状を直面化せず合理化する

「割り切って協働ができない中堅教員」のままの状態を続けると自分の心を合理化する考え方や行動を続けることになり、それが強化されていきます。認知的不協和と価値観の正当化が起こるのです。これは、人が矛盾する認知を二つ抱えた場合に不快感が生じ、矛盾している認知の矛盾度を小さくするように、自分に都合のよい価値観に正当化し、自らの自尊心を防衛しようとするものです。

具体的な例として、①自分は能力のある教員であるという自負をもち、②最近、児童生徒理解・対応が適切にできない、という実態があったとします。①と②は矛盾します（認知的不協和）。そこで、「最近の児童生徒は家庭教育が十分ではなく、能力のある私でも、適切に対応できないのは仕方がない、どうしようもない問題である」という価値観を発生させ、自分を納得させます。自分は悪くないと開き直るので、自分の感情は阻害されませんが、「自分のやり方を振り返って自らやり方を変えようとしない」「自分自身の問題を省みることがなくなる」ので、児童生徒との関係はますます悪化します。

この傾向があるベテラン教員は、何かトラブルがあると、全てほかに原因を求めるようになり、周りの人々は迷惑していきます。自分自身は変わろうとしないのです。

◎メタ認知能力の低下＋α

メタ認知とは、自分の考えや行動を俯瞰して捉えるための知識と調整機能です。中年期に入ると脳細胞の老化のため、より低下します。

ベテラン教員を取り巻く学校組織の環境には、次のようなものもあります。

・年長者は不十分な行動を注意されることが少ない（シニオリティ：年上を尊重する傾向）

・老化が進んでいる人は、注意を受けると否定されたように感じ、キレて激怒することがあるため、誰も注意しなくなる

つまり、自分の行動をメタ認知して吟味することをせず、周りの人からまずい点を注意されることもなく、老化からくる不安を払拭するために以前の全盛時の自分のあり方や行動に固執する（現在の不安を回避できる）のです。

独りよがりの考え方や行動に陥る危険性があり、意欲の喪失・責任感の低下した教育実践や独りよがりの行動を取ることに、自ら恥と感じる感性も鈍麻していくのです。

このような人に対して、職場のほとんどの人が何も期待しなくなり、みんなあきらめて不満を言うこともしなくなり、仕方がないのでその人の仕事をみんなで分配して粛々とやることになります。本人はこのような状況に気がついていません。

このような人の存在は、教員組織に大きなダメージを与えます。開き直った人が得をし、まじめにやっている人が損をするような組織は、間違いなくメンバーの自主・向上性と同僚・協働性を低下させていくからです。

限界に挑戦するための指針

現役でいる以上、「年配だからといって意欲や責任感の低下した教育実践をすることは許されない」という、そういう雰囲気をもつ教員組織を構築することが不可欠です。一番被害を受けるのは

児童生徒です。そして、以下のようにチーム活動に巻き込んでいくことが、対応になると思います。

◎相互評価を取り入れメタ認知の低下を補う仕組み取り入れたチーム活動

学年団での教育実践や校務分掌の仕事を、ＰＤＣＡサイクルで確実に展開していく際に、定期的な教育実践や校務分掌の仕事を教員たちが振り返る際に、活動の評価の仕方や評価するポイントを事前に明確にして、相互評価する場面を取り入れていくことが求められます。個々の教員のメタ認知の低下を補う仕組みを確実に取り入れるのです。

その際、学年主任や分掌の長などミドルリーダーの力量が問われます。各教員のプライドを必要以上に傷つけることなく、かつ、不十分さを曖昧にすることなく、各自が気づき、これからの取組みで何をどのようにすればよいのかを明確にし、それをみんなで共有して実行を促していく力量が求められるからです。まさにこれは、教員たちのアクティブラーニングなのです。

五十代半ば以降の教員の不適応は、能力そのものが低かったり、経験則の行動全てがそぐわなかったりするわけではありません。行動と状況とのマッチングが悪い場合が多いのです。そのマッチングを調整してあげることで、問題によっては五十代半ば以降の教員の経験が生きる部分があり、その部分でチームの活動に貢献してもらうとができれば、本人も周りの同僚たちもマッチベターになれると思います。

第12章 学び続ける教員を目指して
――教員組織を通した教員の発達

学習する組織――教員の発達が促される環境要因とは

前章でとりあげた三つのタイプの教員は、いずれも特別だからそうなったわけではありません。人生でぶつかる大きな発達課題に、きちんと直面化できなかった、直面化したけれども乗り越えることができなかったというタイプの人だと思います。

では、発達課題をうまく対処できた人の要因とは何でしょうか。いろいろな要因があると思いますが最大公約数を一つあげるとしたら、多くの人々は発達課題に直面化できる勇気を与えてくれた(不安を軽減してくれた)人がいた、乗り越えるためのアドバイスや援助、支えてくれた人がいたということではないでしょうか。

二十五年にわたって、全国の多くの教育委員会や学校と関わり痛感してきたことは、「各学校の教育実践の成果、教職員のメンタルヘルスは、その学校の教職員組織の状態と強い関連がある」ということです。各学校の教育力の高低には、学校の教員組織のあり方が決定的な影響を与えるということです（河村、二〇一七）。

多くの企業でも、社員が常にコンピテンシーを向上させ、新規な状況に積極的に対処していく働きが求められています。そして、常にコンピテンシーを向上させながら働くことが求められる個々の社員を支えているのが、社員同士がアクティブラーニングをしながら進化していく「学習する組織」である社員組織です。

学習する組織とは、メンバー間に建設的で活発な相互作用が生起して大きな成果をあげ、同時に、そのプロセスから個々のメンバーがコンピテンシーを自ら獲得できる組織です。第一章で解説した「チーム」のような社員組織の構築と、その中での「チームセルフリーダーシップ」に基づいた活動が社員に求められています。

学校にもこのような流れが、かなりのタイムラグがありながらも、導入されてきました。そして、高い教育実践の成果を上げている学校は、間違いなく教員組織が「学習する組織」となっています。

教員組織こそ、まさに「学習する組織」であることが求められます。「学習する組織」の機能をもつ教員組織では、教員個々のチームセルフリーダーシップを行使できるようなコンピテンシーが高まっていきます。「自主・向上性」と「同僚・協働性」がとても高まっているのです。同時に、教員のメンタルヘルスも良好となりやすく、「やりがい感」も高まり、「学校ストレス」も低くなるのです。

したがって、これからの学校のリーダーは、教員組織を「学習する組織」として構築し、その中

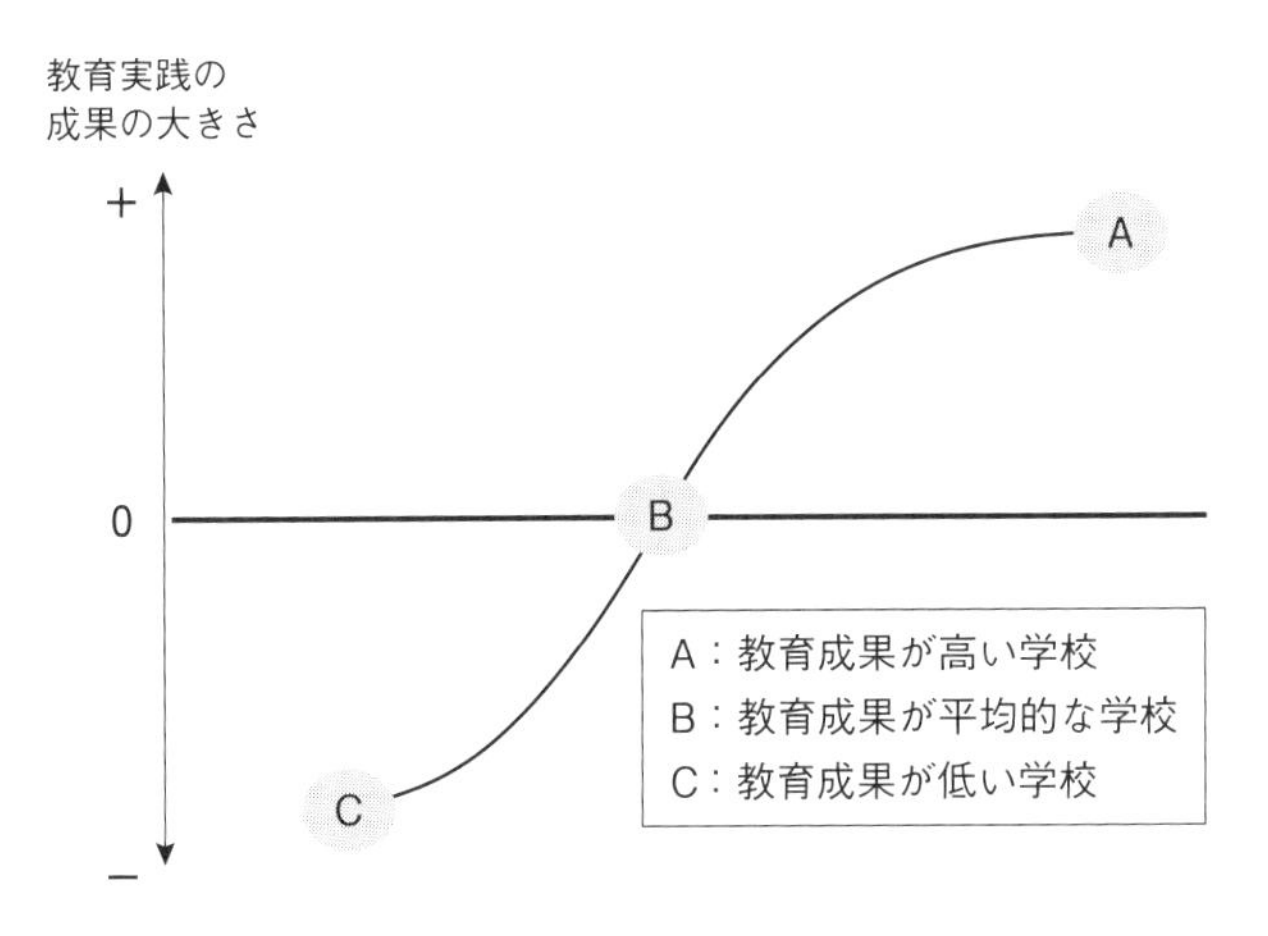

図10　学校の教育力の３段階

の教員同士のインタラクションを活性化させて、組織のまとまり・活性化と個人のコンピテンシーの促進を、相乗的に行っていくことが求められます。まさにこれは、これからの教員が、建設的な学級集団を通して諸々の活動をし、児童生徒のコンピテンシーを育成していくことと同様なのです。

年代別　教員の発達モデル

教員組織の研究を継続していく中で、新たな知見を見出しました。それは、高い教育実践の成果を上げている「Aの学校」（図10）の教員組織には、「社会人になれていない若手教員」「割り切って協働ができない中堅教員」「意欲と責任感を喪失したベテラン教員」が、有意に少ないということです。

　そして、Ａの学校の教員組織では、五十代の教員の自主・向上性と同僚・協働性がとても高く、校内で率先して学習し、活動しているのです。その姿勢が、ほかの若手や中堅の教員たちの、よいモデルとなっています。

　さらに、このような教員組織には、中年期の発達課題を達成している教員が一定数メンバーとして存在し、組織全体の自主・向上性と同僚・協働性の高さの維持の裏支えをさりげなくやっています。このポイントは、Ａの学校になっているかどうかの一つの指標です。

　つまり、組織と個人は表裏一体となりながら発達していくのです。教員組織が形成されていくプロセスの中で、個々の教員は教育技術が向上していくだけではなく、各段階の発達課題も達成されていく面があるのだと思います。その際、次のようなサポートが想定されます。

二十代の若い教員

　二十代の教員は、「自主・向上性」と「同僚・協働性」が共に高まっている教員組織に巻き込まれながらいろいろなプロジェクトに参加し、組織全体で大きなことを達成できた、その一員として自分なりの役割を成し遂げることができたという体験を、豊富にしてもらいたいと思います。それがアイデンティティの確立につながっていくからです。

　そこで、学校のリーダーは、二十代の教員に対して、働いている中で実践的な知識や方法の獲得の必要性を強く感じて、自ら学ぶような、自主・向上性が高まるような役割を、うまく与えたいものです。それがほかの先輩から学ぼうという姿勢が高まっていくことにつながり、「同僚・協働性」も高まっていきます。
若い時期に、誰かの大きなビジョンに基づく取組みに巻き込まれ、精一杯活動した充実感と喜びの経験がある人は、今度は自分がそのような年代になったとき、若い人やみんなと一緒に何かを生み出す役に立とうとする、リーダーとしての資質を身につけるものなのです。

三十代半ばから五十代前半の中堅の教員

三十代半ばから五十代前半の教員は、学校全体の教育活動にこれらの教員のミドルリーダー的な役割をしっかり位置づけ、全体の中で貢献できている実感、教員組織の中でなくてはならない存在であることを実感できるような場面を、たくさん経験できるとよいと思います。
そして、学校のリーダーは、三十代半ばから五十代前半の教員に対して、ほかの同僚たちから感謝されたり、認められたりする場面設定、ダイアログし合えるような場面を、教育活動の節目節目に経験できるとよいでしょう。

五十代半ば以降のベテラン教員

五十代半ば以降の教員は、次の三点が実感できると発達課題の達成はより促進されていきます。

◎積極的関与（青年期と同様）

積極的に取り組みたい内容に、個人的なものだけではなく教員チームとしての取組み内容が含まれ、そ

れに積極的に取り組むことができている

◎相互性の自覚

若い教員や同僚にサポートしたり教えるプロセスが、自分にとっても学びになっているということを素直に実感できる、という相互性が自覚できている

◎世代性（世代継承性）の達成

若い教員や同僚の自己実現に深く関与し援助できていることが、自分の存在価値を肯定できることになっている、そのことに感謝できるという世代性の達成を実感できている

以上の三つの要素について実感できると、「自主・向上性」と「同僚・協働性」とは相補的な関係になり、同時に高まっていきます。

このような状態になると、自分の現状を十分受けとめ、自ら受容し、自分なりに乗り越えようとしたくなります。そのようなとき、児童生徒に語る言葉も、役割を越えた人間的な側面が増し、それが児童生徒の心に響くようになると思います。

それは、職場の同僚に対しても同様です。そうなると、教員にとって児童生徒との関係は「共育」であり、同僚との関係も「共育」となるのです。これがそのまま、他者との対話的な学びであり、社会構成主義的な学びそのものなのです。学んでいくのは両者なのです。

自ら学び続ける教員へ

教員組織づくりの隠れたポイントは、組織活動を通して、個々の教員が個人の発達課題をうまく

達成させていくことだと思います。このように考えると、学校のリーダーは、単にマネジメントをする人ではなく、学級担任と同様に、やはり教育者であることが前提になると思います。

教員組織づくりとは、単なる管理職が行うマネージメントのハウツーの束ではなく、人間同士が織りなす発達の側面を含んだ、教育・発達的な取組みであると思います。結局これは、まさに、新学習指導要領で取り組もうとしている「主体的・対話的で深い学び」のある学習活動を通して児童生徒の資質・能力を育成する取組みそのものです。そして、両者の活動に共通することは、最終的に、このような取組みに関わった人々の人格が陶冶されていくことが、同時に大きな目的となっていることです。

教員はこのような活動に自ら一人のメンバーとして取り組んでいるからこそ、学級でも、児童生徒に確実な自律性支援が教員としてできるようになるのだと思います。自らのメンバーとしての取組みと教員との取組みは、相互作用していくものだと思います。このような自覚が、変化に向かっていく、変化に向かっていく児童生徒を支援していく際の、忘れてはならない心構えになっていくと思います。

参考文献

日本語の文献

アスレイナー，E. M. 著，西出優子訳「4章 知識社会における信頼」，宮川公男・大守隆編『ソーシャル・キャピタル――現代経済社会のガバナンスの基礎』東洋経済新報社，pp123-154，2004年（Uslaner, E. M. *Trust in the Knowledge Society*. prepared for the Conference on Social Capital, Cabinet of the Government of Japan, March 24-25, Tokyo, 2003.）

安藤清志『見せる自分 / 見せない自分――自己呈示の社会心理学』p96，サイエンス社，1994年

市川伸一編著『学習を支える認知カウンセリング――心理学と教育の新たな接点』ブレーン出版，1993年

市川伸一編著『認知カウンセリングから見た学習方法の相談と指導』ブレーン出版，1998年

小野和宏・松下佳代「第8章【歯学】教室と現場をつなぐPBL―学習としての評価を中心に―」，松下佳代・京都大学高等教育研究開発推進センター編著『ディープ・アクティブラーニング――大学授業を深化させるために』勁草書房，pp215-240，2015年

河村茂雄『アクティブ・ラーニングのゼロ段階――学級集団に応じた学びの深め方』図書文化，2017年

河村茂雄『学級集団づくりのゼロ段階――学級経営力を高めるQ‐U式学級集団づくり入門』図書文化，2012年

河村茂雄『学校管理職が進める教員組織づくり――教員が育ち，子どもが伸びる校長のリーダーシップ』図書文化，2017年

河村茂雄編著『グループ体験によるタイプ別！　学級育成プログラム――ソーシャルスキルとエンカウンターの統合』図書文化，2001年

河村茂雄『主体的な学びを促すインクルーシブ型学級集団づくり――教師が変わり子どもが変わる15のコツ』図書文化，2018年

河村茂雄・品田笑子・藤村一夫編著『いま子どもたちに育てたい学級ソーシャルスキル――人とかかわり、ともに生きるためのルールやマナー』図書文化，2007年，2008年

桐村晋次『吉田松陰　松下村塾　人の育て方』あさ出版，2014年

國分康孝・國分久子総編集『構成的グループエンカウンター事典』図書文化，2004年

國分康孝ほか編『育てるカウンセリング全書』全10巻，図書文化，1998年

佐藤学『学校の挑戦――学びの共同体を創る』小学館，2006年

ジョンソン，D.W.，ジョンソン，R.T. & ホルベック，E.J. 著，杉江修二ら訳『学習の輪――アメリカの協同学習入門』二瓶社，1998年（Johnson,D. W., Johnson, R.T. & Holubec, E.J. *Circles of Learning : Cooperation in Classroom*. Fourth edition. Edina, Minnesota : Interaction Book Company, 1993.）

ジョンソン，D.W.，ジョンソン，R.T.，& スミス，K.A. 著，関田一彦監訳『学生参加型の大学授業――協同学習への実践ガイド』玉川大学出版部，2001年（Johnson, D.W., Johnson, R.T., & Smith, K.A. Active *Learning : Cooperation in the college classroom*. Edina, MN : Interaction Book Company, 1998.）

瀬尾美紀子「学習上の援助要請における教師の役割：指導スタイルとサポート的態度に着目した検討」，『教育心理学研究』56（2），pp243-255，2008年

関田一彦・安永悟「協同学習の定義と関連用語の整理」，『協同と教育』1，pp10-17，日本協同教育学会，2005年

センゲ，P. M. 著，守部信之ら訳『最強組織の法則――新時代のチームワークとは何か』徳間書店，1995年（Senge, P. M. *The Fifth Discipline : the Art and Practice of the Learning Organization*. Doubleday/Currency, 1990.）

中根千枝『タテ社会の人間関係――単一社会の理論』講談社現代新書，1967年

ハイダー，F. 著，大橋正夫訳『対人関係の心理学』誠信書房，1978年（Heider, F. *The Psychology of Interpersonal Relations*. New York : John Wiley & Sons, 1958.）

バンデューラ，A. 著，原野広太郎監訳『社会的学習理論――人間理解と教育の基礎』金子書房，1979年（Bandura, A. *Social Learning Theory*. Englewood Cliffs, NJ. : Prentice Hall, 1977.）

バークレイ，E.F., クロス，K.P., & メジャー，C.H. 著，安永悟監訳『協同学習の技法――大学教育の手引き』ナカニシヤ出版，2009年（Barkley, E.F., Cross, K.P., & Major, C.H. *Collaborative learning techniques : A handbook for college faculty*. San Francisco. CA : Jossey-Bass, 2004.）

ブロフィ，J. E. 著，中谷素之監訳『やる気をひきだす教師――学習動機づけの心理学』金子書房，2011年（Brophy, J. E. *Motivating students to learn*. Mahwah, NJ : Lawrence Erlbaum Associates, 2010.）

パットナム，R.D. 著，河田潤一訳『哲学する民主主義――伝統と改革の市民的構造』NTT 出版，2001年（Putnam, R.D. *Making democracy work : Civic traditions in modern Italy*. Princeton : Princeton University Press, 1993）

溝上慎一『アクティブラーニングと教授学習パラダイムの転換』東信堂，2014年

溝上慎一・成田秀夫編『アクティブラーニングとしての PBL と探究的な学習』東信堂，2016年

文部科学省「指導が不適切な教員に対する人事管理システムのガイドライン」2008年

文部科学省「生徒指導提要」2010年

文部科学省コミュニケーション教育推進会議「子どもたちのコミュニケーション能力を育むために～『話し合う・創る・表現する』ワークショップへの取組～審議経過報告」2011年

文部科学省「共生社会の形成に向けたインクルーシブ教育システム構築のための特別支援教育の推進（報告）」2012年

中央教育審議会「幼稚園，小学校，中学校，高等学校及び特別支援学校の学習指導要領等の改善及び必要な方策等について（答申）」2016年

中央教育審議会・教員の資質能力向上特別部会「教職生活の全体を通じた教員の資質能力の総合的な向上方策について（審議のまとめ）」2012年

湯浅且敏・大島純・大島律子「PBL デザインの特徴とその効果の検討」,『静岡大学情報学研究』16, pp15-22, 静岡大学情報学部, 2011年

リーヴ, J., ライアン, R., & デシ, E. L. 著, 塚野州一編訳『自己調整学習と動機づけ』北大路書房, 2009年（Reeve, J., Ryan, R., & Deci, E. L. Understanding and promoting autonomous self-regulation:A self-determination theory perspective. In Schunk, D. H. & Zimmerman, B. J.（Eds.）, *Motivation and self-regulated learning : Theory, research, and applications*, Mahwah, NJ : Lawrence Erlbaum. 223-244, 2008.）

外国語の文献

Albanese, M.A. & Mitchell, S. Problem-Based Learning : A review of literature on its outcomes and implementation issues. *Academic Medicine*, 68（1）, 52-81, 1993.

Bandura, A. Social cognitive theory : An agentic perspective. *Annual Review of Psychology*, 52, 1-26, 2001.

Brassler, M. & Dettmers, J. How to Enhance Interdisciplinary Competence-Interdisciplinary Problem-Based Learning versus Interdisciplinary Project-Based Learning. *Interdisciplinary Journal of Problem-Based Learning*, Vol.11, Issue 2. https://doi.org/10.7771/1541-5015.1686, 2017.

Brown, JS., Collins, A., & Duguid , P. Situated Cognition and the Culture of Learning, *Educational Researcher*, 18（1）, 32-42, 1989.

Deci, E. L., & Ryan, R. M. *Intrinsic motivation and self-determination*. New York : Plenum Press, 1985.

Deci, E. L., & Ryan, R. M. The “what” and “why” of goal pursuits : Human needs and the self-determination of behavior. *Psychological Inquiry*, 11, 227-268, 2000.

Dweck, C.S., & Leggett, E.L. A social-cognitive approach to motivation and personality. *Psychological Review*, 95, 256-273, 1988.

Frey, C. B. & Osborne, M. A. The Future of Employment : How Susceptible Are Jobs to Computerisation?. Oxford Martin School, University of Oxford, 2013.

Reeve, J. Teachers as Facilitators : What Autonomy-Supportive Teachers Do and Why Their Students Benefit. *The Elementary School Journal*, 106, 225-236, 2006.

Ryan, R. M., & Deci, E. L. Promoting self-determined school engagement : Motivation, Learning, and well-being. In Wentzel, K. R. & Wigfield, A.（Eds.）*Handbook of motivation at school*. NY : Routledge.171-195, 2009.

Schunk, D. H. Social cognitive theory and self-regulated learning. In Zimmerman, B. J. & Schunk, D. H.（Eds.）, *self-regulated learning and academic achievement : Theoretical perspectives*. New Jersey : Lawrence Erlbaum Associates.125-151, 2001.

Turner, J, C., Meyer, D. K., Midgley, C., & Patrick, H. Teacher discourse and sixth graders' reported affect and achievement behaviors in two high-mastery/high-performance mathematics classrooms.*The Elementary School Journal*, 103, 357-382, 2003.

【著者】
河村 茂雄（かわむら・しげお）
早稲田大学教育・総合科学学術院教授。筑波大学大学院教育研究科修了。博士（心理学）。公立学校教諭・教育相談員を経験し，岩手大学助教授，都留文科大学大学院教授を経て現職。日本学級経営心理学会理事長。日本教育カウンセリング学会理事長。日本教育心理学会理事。日本カウンセリング学会理事。日本教育カウンセラー協会岩手県支部長。

主な著書
- 教師のためのソーシャル・スキル（誠信書房）
- アクティブラーニングを成功させる学級づくり（誠信書房）
- 日本の学級集団と学級経営（図書文化）
- 学級集団づくりのゼロ段階（図書文化）
- 教師のための失敗しない保護者対応の鉄則（学陽書房）

アクティブラーナーを育てる
自律教育カウンセリング

2019年11月1日　初版第1刷発行［検印省略］

著　　者　河村茂雄
発 行 人　福富　泉
発 行 所　株式会社 図書文化社
〒112-0012　東京都文京区大塚1-4-15
Tel：03-3943-2511　Fax：03-3943-2519
http://www.toshobunka.co.jp/
装　　幀　株式会社 オセロ
組　　版　株式会社 Sun Fuerza
印　　刷　株式会社 厚徳社
製　　本　株式会社 村上製本所

ISBN 978-4-8100-9740-5　C3037
printed in Japan